图书馆业务指南丛书

美国社区学院图书馆员手册

Handbook for Community College Librarians

〔美〕迈克尔·A. 克伦普顿（Michael A. Crumpton） 著
〔美〕诺拉·J. 伯德（Nora J. Bird）

顾 健 译
〔美〕潘俊林

国家图书馆出版社

目　录

图表、旁引目录

图目录

表目录

旁引目录

译者序

　　美国是我国图书馆现代化进程中绕不过去的一个路标。现代意义的图书馆引入中国已经有超过百年的历史，图书馆学教育也在20世纪初从美国进入中国。改革开放以来，我国图书馆界"睁眼看世界"，其中和美国的交流最多，对美国图书馆的研究和学习也最多。但是，我国高职高专院校图书馆和美国的交流却极其之少，仅局限于少数馆领导的参观和个位数从业者的中美比较研究。高职高专图书馆没有像公共图书馆或本科院校图书馆等那样和美国同类图书馆建立起直接的联系，可以说美国同类学校社区学院图书馆对我国高职高专图书馆行业没有直接影响。

　　这和我国高职高专图书馆的历史很短有关，也和高职高专在高等教育中的层次有关。全国首次以职业技术学院命名学校的时间是1997年。许多高职高专院校的前身是中等专业学校，大多是在"文革"后恢复办学，也有职工大学转来或新办的。虽然目前高职高专院校在高等教育领域数量较多，超过了本科院校，但由于教学和行政层次所限，高职高专图书馆一直处于图书馆行业的边缘，没有摆脱模仿本科院校图书馆的发展模式，至今也没有形成与高等职业教育相关的自身特色。

　　目前国内图书馆学教育界没有人系统研究高职高专图书馆，本科院校图书馆的从业人员对高职高专图书馆也不太了解，所以我国高职高专图书馆的发展还是得有赖自身。但是，我国图书馆行业一直没有职业门槛，高职高专图书馆的队伍自身很弱，在这样的情况下，放眼望世界、吸取有用的经验就显得尤为重要。译者翻译此书正是为了促进高职高专图书馆事业的发展。

本书共有十三章。第一章介绍美国社区学院和社区学院图书馆的历史以及本书的内容编排。中美高职高专教育有着明显不同的特点，美国社区学院学生和教育项目具有丰富的多样性，而国内生源整齐划一、教育模式一致，和美国不同，看上去难以类比，业内有人对是否可借鉴美国社区学院图书馆的经验心存疑虑。但是，中国高职高专院校和美国社区学院都是服务地方经济、让更多的人接受高等教育的，任务是相同的。细看美国社区学院的教育项目构成，既有本科教育的前两年，又有各种层次的职业教育，我国高职院校三年制教育实际上是糅合统一了美国的这两个方面，既可升本又有职业证书。此外，我国高职高专院校的学生中来自经济相对困难家庭的比例也较高，不少学生也是家庭中第一个上大学的，中美之间又具有相当的类似性。中国高职高专院校图书馆与美国社区学院图书馆在高等教育、图书馆界同样都处于边缘地位，通过对比来认识自我是有必要和可能的。

国内高职高专院校图书馆将目光对准本科院校图书馆，常常忘了自己所在的高职高专院校，从而导致高职高专院校图书馆至今仍然一概以经费不足、馆藏少、工作人员少、层次低等来描述自己，一心攀比，要求投入。这一思维定式使我们忽略了高职高专院校图书馆更应关注的另一面，如将图书馆工作定位在为教学服务、为经济和学业层次较低的学生提供有针对性的信息服务、由于工作人员少而要求馆员掌握多方面的技能、图书馆为当地社区居民提供服务等，本书在这些方面的笔墨对人有所启发。

第二章讨论了图书馆在学校组织结构中的位置、图书馆员的胜任力和组织文化。我国高职高专图书馆在组织关系上多数隶属教学口，前几年有不少图书馆归并到信息中心，如今又纷纷回归到教学口，但是业内无人能解释这去去回回是为什么，只是被动接受。本书对组织结构的论述有助于我们了解图书馆在学校组织结构中不同位置的意义。美国图书馆员的门槛是非图书馆学的学士学位加图书馆学情报学硕士学位，这已成自然而无须论证，美国劳工部对馆员的定义就是如此。本章从胜任力的角度对图书馆工作人员的知识、技能和能力做了很详细的论述，让我们得以了解对馆员的要求具体是什么。我国图书馆界一直缺乏职业门槛，对从业人员的能力要求是比较随意的，可高可低，总有偏颇，这一章很有参考价值。

第三章谈论参考咨询和信息查询。国内高职高专图书馆一般忽视参考咨询工作，不但不统计参考咨询量，虚拟的参考咨询服务特别是合作的虚拟参考咨询服务或者没有，或者形同虚设。工作人员难以回答与专业课程相关的问题，而且对读者使用图书馆时情感方面的问题极少关注，相反热衷于通过活动去影响读者，而不是关注读者的需求和自身情况。本章内容能为我们如何服务读者带来一些观念的转变。

第四章介绍了美国大学图书馆的标准和认证。这一方面中美差距很大。国内高校图书馆标准仍着眼于生均藏书量、新增图书等极少数输入指标，美国高校图书馆已经在关注流通量、到馆人次等输出指标的同时，更加关注图书馆对读者产生的影响，并且通过绩效和读者意见对效能和成效进行评估。藏书量落后的美国社区学院图书馆界对此标准也有微词。本书对美国标准的介绍较为笼统，但如果能进一步细究可以发现美国大学图书馆的标准、认证对我国高校图书馆的办馆理念极具冲击力，非常适合中国国情。

第五章对信息素养的方方面面做了比较详细的介绍。我国高职高专图书馆一般有读者入馆介绍，少数图书馆能够开设文献检索课程，但总体而言难以和教学深入紧密地合作，高等教育界对此没有足够重视。这是中美高职高专图书馆界面临的共同问题。我国高校图书馆的馆长大都来自教学岗位，但背景优势并未能得到体现，借助于本章内容认识和思考信息素养是很有必要的。

第六章叙述了设计图书馆教学课程的原则和方法，重点在以学生学习为中心，关注学生特点、注意教学策略。我国教学长期是"满堂灌"、重理论轻实践、教学方法单一，本章内容提供的一些原则性的指导具有启发性，值得一读。

第七章关注图书馆员的自我管理。这看起来和图书馆业务工作没有什么直接联系，但是以译者对本书翻译的切身体验来看，这是非常重要的一课。它阐明了非常重要的、在我们的教育中经常缺少的科学的工作方法。

第八章是场所、预算和设施。图书馆作为一个场所的重要性在近年来愈发重要。本章从需求出发分析图书馆的空间，涉及图书馆的展览展示功能。对于设施，国内看重的是高大上的自动化设备，本章没有提及，却强调图书馆设施的日常维护和安全问题，并提供了相关的资源供进一步了解。不奢华，但有人管，这一点是我们很多光亮大楼背后所难以达到的。

第九章是馆藏建设。馆藏在我国图书馆业务中是重头，特别是近些年来高职高专院校馆藏量大幅度提升，但是如何做好馆藏建设，高职高专图书馆却是一直自行其是，无论是文献的选择还是负责馆藏建设的馆员的选择，都没有相关标准，甚至还存在大量特价书涌入图书馆的现象。本章不仅介绍了馆藏建设的基础知识、馆藏评估，还提及独特的馆藏，包括档案、机构库等。

第十章介绍了美国特色的多元化。这部分内容对我们来说，国情差别大，但是提供了一个很好的观察窗口，从图书馆角度了解如何实现公平、共和等人类的基本理念和价值观。随着"一带一路"的推进，高职高专院校开始招收海外留学生；2019年《政府工作报告》中提及高职院校面向退役军人、下岗工人、进城务工人员等扩招100万人；东南沿海城市的高职院校由于生源紧张而面向边远少数民族地区招生。这些新情况导致我国高职院校的学生也将呈现出多元化。本章内容填补了国内业界的一个空白，彰显出实用价值。

第十一章图书馆技术有不少新东西。除了我们熟悉的微软办公系统等一些常见的软件，本章介绍了大量可以在图书馆各个方面应用的软件，有些能在国内找到对应匹配的软件或供应商，也有闻所未闻、在国内图书馆界鲜有应用的软件。所以图书馆技术这一章是一个宝藏，有待图书馆人进一步深入挖掘。

第十二章评估也是非常重要的。国内评估指标侧重建设。虽然国内的评估推动有关方重视图书馆工作，增加对图书馆的投入，但是双刃剑的另一面是弄虚作假之风盛行，馆藏质量下降，为业内人士所诟病。本章对评估的目的、方法、评估结果的利用做了介绍。值得一提的是，美国高校图书馆面临投入产出比的质问。美国社区学院立足教学，图书馆由于投入不足而对投入产出比持否定态度；国内高职高专院校有科研任务，图书馆投入巨大，却忽视投入产出比的考量。本章能促使我们思考评估的真正含义。

本书的最后一章谈论了在图书馆做一名主管人员的应知应会，对主管人员、管理者、领导者以及行政职务上的领导做了区分，说明了他们的不同作用和职责。国内高职高专院校图书馆主要依据行政职务管理图书馆，非常强调馆领导的作用，大事小事习惯往上汇报，忽略主管人员的作用。由于我国高职高专院校图书馆馆长以非图书馆学出身者居多，所以图书馆还是要依赖业务领导或主管人员，但现状是馆长和业务领导或主管人员之间没有很好地区分职责，常常导致角色错位，严重影响了图书馆工作。

总体而言，本书的显著特点是论述全面，旁征博引。本书覆盖了图书馆工作的各个方面，但只是概述性叙述了原则，读者如果想进一步研究学习，在每一章的叙述中都可以找到线索，几乎每一个概念、人名和书名都是一把钥匙，这一点对后续追踪学习非常有益，也是这本书称为"手册"的名至实归之处。如果说这本书还有什么遗憾，那就是没有提供具体的做法，也没有详细叙述过程，难以在实践中直接照搬运用。

阅读本书应着重关注其阐述的理念，这是精髓所在，也恰恰是我们该借鉴的，毕竟中美两国的具体情况不尽相同，有时在同一理念下具体做法会迥然不同。本书针对性很强，特别适合高职高专院校的图书馆工作人员，是难得一觅的学习手册。由于本书是图书馆员的入门读物，书中大量的图书馆学基础知识也适用于其他各类型图书馆的馆员学习参考。在翻译过程中，译者曾向多位国内图书馆学专业毕业的同行了解情况，结果发现本书不少概念在国内图书馆学的教学中还未涉及。因此，图书馆学专业的在读学生和毕业生也可参考使用本书。

本书最后附录了作者的基金项目申请书和调查表及调查结果。国内难得有这样的材料公开。在课题项目日益繁多以及竞争日益激烈的情况下，这对图书馆学教学研究人员和图书馆工作人员申请课题做实证调查研究具有很强的参考价值。

顾　健

2019 年 5 月

中文版作者序

非常荣幸能为我们的《美国社区学院图书馆员手册》一书中文版写序。我们希望本书关于美国技术和社区学院图书馆的介绍，可以帮助所有图书馆以及图书馆学专业的学生对美国图书馆有一个大概的了解。

本书的中文版始于2014年12月，当时顾健先生在美国社区和初级学院图书馆分部（Community and Junior College Libraries Section，CJCLS）的邮件列表上张贴了一个电子邮件，寻找研究伙伴。虽然合作未果，但是在2015年4月，顾先生提议由他开始翻译这本《手册》。经过与出版社多次的协商和诸多艰苦的努力，此书的中文版终于要付印了。

2016年9月，我（诺拉·J.伯德）应邀参加了由江苏大学在镇江举办的"第二届全国高校信息素养教育研讨会"。此外，我还给江苏大学图书馆学专业的学生讲了一门馆藏管理课。我也有幸在江苏无锡见到了顾先生，我们一起参观了无锡科技职业学院图书馆。这些经历使我意识到中美两国的图书馆有许多相同的问题和忧虑。

我（迈克尔·A.克伦普顿）在我所在的图书馆里曾多次接待中国同行们，那些相遇独特而美好。我们接待过许多来自上海财经大学图书馆的访问者，也有来自同济大学图书馆的馆长，我们分享各自的教育经历和工作经验，共同谋求图书馆事业的进步与发展，所有这些相遇都发人深思，令人受益匪浅。

我们了解到，美国和中国的图书馆存在许多共同的问题和担忧，特别是社区学院图书馆越来越关注图书馆如何影响学生成功和信息素养的问题。最近的一份北卡罗来纳州56所社区学院图书馆调查报告强调了教师和学生对图书馆的看法，他们认为图书馆是他们未来成功的一部分（Lance，Schwartz，Rodney 2017）。另外，美国教育工作者对肄业生的人数感到担忧，他们签署了由美国社区学院协会（American Association of Community Colleges，AACC）创建的名为"引路"（Guided Pathways）的计划，该计划清楚地为每一位学生指引成功之路。图书馆已经意识到它们可以成为这个项目的一部分。圣路易斯社区学院图书馆已经为该模式创建了非常好的指南（Saint Louis Community College Library 2017）。

信息素养仍然是社区学院图书馆中有争议的话题。美国学院和研究图书馆协会（Association of College and Research Libraries，ACRL）新的"高等教育信息素养框架"并没有针对各类学生的目标提出明确的指导。许多图书馆员认为，放弃旧标准实施新框架会削弱图书馆教学作用的力度（Craven 2016，Swanson 2017）。信息素养教育也是社区和技术学院帮助学生成为好工人的一条好的途径（Bird 2017）。

作为作者，我们很高兴致力于在美国和中国的图书馆员之间搭建桥梁，推动建立全球社会的目标。我们认为，在这个信息增长和充满挑战的时代，您会发现这本书对于了解图书馆的复杂性是很有裨益的。

我们希望您能喜欢这本书，也很高兴听到您的问题和评论。

诺拉·J.伯德

迈克尔·A.克伦普顿

2017 年 9 月 29 日修订

参考文献

［1］伯德.职场信息素养——基于文献和研究计划的综述.图书情报研究，2017（1）：13-18.

［2］LANCE C, SCHWARZ B, RODNEY M J. Community college libraries & librarians and student success: findings from surveys of librarians & other library staff, students, and faculty, plus a professional development survey of library leaders.［2017-09-01］. https://www.edgecombe.edu/files/pdfs/librarians-and-student-success/ccllss-final-prez-2017-06-26.pdf.

［3］SWANSON T. What's in a name? Demonstrating value through the ACRL framework.［2017-09-29］. http://www.tandfonline.com/doi/full/10.1080/02763915.2017.1304688.

［4］Saint Louis Community College Library. Guided pathways: a research guide.［2017-09-29］. http://guides.stlcc.edu/pathways.

［5］CRAVEN H. ACRL and community college libraries: we've been framed!. Community and junior college libraries, 2016, 22 (1/2):3-5.

英文版作者序

    本书源自两位作者一起在社区学院图书馆工作的经历。我们目前就职于北卡罗来纳大学（格林斯伯勒）（University of North Carolina at Greensboro，UNCG）。该校是一所拥有约17 000名在册学生、具有博士学位授予资格的大学。迈克尔·A.克伦普顿任该校图书馆的助理馆长，诺拉·J.伯德是图书馆学情报学系（LIS）的助理教授。校图书馆和图书馆学情报学系联合申请，获得了美国博物馆与图书馆服务院（IMLS）①的一大笔研究资金，该项目署名为"ACE学者"，重点在于促进大学图书馆工作人员的多元化建设。2009年9月，我们考虑可以申请一个类似的，重点针对社区学院的资金项目，项目的部分款项将用于研究作为成功的21世纪社区学院图书馆员所应必备的能力。2010年该基金项目申请书见书后附录A。

    在着手申请基金的过程中，我们发现有关社区学院图书馆的研究寥寥无几。社区学院的雇佣合同以及终身制条例通常对图书馆员是否发表论著没有要求。我们认为要培养新的社区学院图书馆员，首先必须加深我们自身对于取得成功所必备的环境以及一整套技能的了解。我们设计了一个大范围的调

---

    ①   IMLS的全称为Institute of Museum and Library Services，其使命是激发博物馆和图书馆在创新、终身学习和文化与公民参与等方面发挥作用，是美国联邦政府支持图书馆和博物馆的主渠道，通过研究、政策发展和拨款引领博物馆和图书馆的发展。IMLS成立于1996年，在宪法上属于行政分支，因为总统对机构负责人和成员的撤职权受限，所以IMLS独立于总统控制，是美国联邦政府的一个独立机构，存在于联邦行政部门以外，有理事会，不接受联邦政府指令。因此，本书既不翻译成署、局等行政部门的称呼，也不采用国内常见的"协会"的翻译说法，而译为美国博物馆和图书馆服务院。——译者注

查表，将其发送到社区学院和各学院分部①的群发服务器上，这个名为"21世纪社区学院图书馆员"的调查的部分结果见于书后附录B。

接下来，我们与北卡罗来纳州社区学院学习资源协会（the North Carolina Community College Learning Resources Association）的馆员们举行了多次焦点小组访谈，就上述问题进行探讨。我们还创建了"定义社区学院图书馆员"的网站。我们对职教学生的信息素养问题尤为感兴趣，在许多会议上做过报告，也写过这一主题的文章。

在新的理解的基础上，我们在临近基金申请截止日期的时候，再次向IMLS提出了研究经费申请。尽管申请再次被拒，我们面向北卡罗来纳大学（格林斯伯勒）的学生策划并开设了管理研讨课程LIS 652：社区学院图书馆学。这门课程的大纲就是本书的大纲。2013年于本书即将出版之际，我们获得了IMLS的一笔款项，专门用于多元化社区学院图书馆员的研究，包括LIS 652在内的专业课程将培养10名学生成为社区学院的图书馆员——一个充满挑战的角色。

我们从始至终认为，社区学院这个重要的教育机构需要有称职的图书馆员。我们在调查中发现，许多在职馆员已经有了25年以上的工龄，很多人也已经到了该退休的年龄。此次获得的研究基金中，有一部分要用来开发名为"真正的学习关系"的特殊实习项目，这个项目旨在让在职馆员和实习学生结成一对互教互学的关系。该项目采用的模型是经过验证的，即馆员向学生传达具体的学习目标，学生与馆员分享技术、社交媒体和研究领域的专业知识。双方认同互教互学的可能性，共同制定目标，并通过实习去实现目标。

---

① 美国图书馆的行业协会是美国图书馆协会（ALA），下属有美国学院和研究图书馆协会（ACRL）。美国学院和研究图书馆协会的主要构成有理事会、分部、兴趣组、讨论组、委员会、工作组、地方分会和联络会等，其中以图书馆类型划分的分部（section）中有社区和专科学院分部、学院图书馆分部和大学图书馆分部，是普通会员参与协会活动的主要组织形式。——译者注

图书馆职业正处于世代交替的阶段，实习为馆员和新人提供了面对面交流和相互学习的机会。

我们在社区学院的图书馆课堂上，简化地模拟了实习场景。根据学生的课堂汇报，把在职馆员和学生之间的一系列对话纳入教学内容。整个学期当中，我们兴奋地看到这些对话向深入发展。

本书的意义不限于一本教科书，而远在此之上。我们涉及的内容自然与如何成为一名社区学院的图书馆员有关。我们之所以称之为"手册"，是为了使在职馆员感到他们的工作在此书中有所呈现，同时加强他们的认识水平，去学习新的运作流程和程序。我们希望每一位读者都会有所收获，能够了解在动态的社区学院环境中，如何进行馆藏建设，从事教学培训，实施组织管理。我们希望我们已经达到此目的。

致　谢

我们要感谢全美所有为本书的每一个进步提供了帮助的同行，包括戴维·赖特博士（Dr. David Wright）、苏万尼达·敦古多姆（Suvanida Duangudom）、杰基·凯斯（Jackie Case）、朱莉·奥布斯特（Julie Obst）、邦尼·桑吉内特（Bonnie Sanguinet）、玛丽莲·卡尼（Marilyn Carney）、芭芭拉·格雷瑟（Barbara Grether）、凯西·坎贝尔（Cathy Campbell）、劳丽·威廉姆斯（Laurie Williams）和珍妮弗·阿诺德（Jennifer Arnold）。我们要特别感谢珍妮弗·诺加（Jennifer Noga）、杰拉德·霍姆斯（Gerald Holmes）、纳塔莉·布拉斯（Natalie Blas）、吉姆·卡迈克尔（Jim Carmichael）、德里克·朗（Derek Long）、希瑟·汉斯（Heather Hans）和贝丝·马丁（Beth Martin），他们对本书的最初草稿提出了评论和建议。我们也要感谢选修LIS 652课的学生，他们帮助我们确定了本书涵盖的重点内容。还要特别感谢蒂姆·威廉姆斯（Tim Williams）——现在他已经是一名社区学院图书馆员，之前是一名学生和研究生助理——感谢他在过去两年中所做的工作。最后，我们要感谢我们各自的配偶，罗伯特·卡里（Robert Cary）和莱斯莉·克伦普顿（Leslie Crumpton），感谢他们在此书的创作期间所给予我们的爱与支持。

第一章　导　论

本书将会使读者了解或熟悉美国社区学院图书馆的动态环境。之所以采用"社区学院"（community college）这一使用最为广泛的术语，是因为美国国家教育统计中心（National Center for Education Statistics，NCES）用它来统称一些略有不同的两年制大学[①]，如城市学院（city college）、技术学院（technical college）或初级学院（junior college）（Provasnik，Planty 2008）。尽管本书的重点是公立学校，但涵盖的许多议题同样适用于两年制或四年制的营利或非营利的私有或私立学校。根据美国国家教育统计中心和卡内基教学促进基金会（Carnegie Foundation for the Advancement of Teaching，CFAT）的统计，这样的机构在美国有1100多所，其中许多有不止一个校园。根据美国社区学院协会的数据，其成员包括986所公立社区学院、31所部落学院和115所非公立学院。

本章简要介绍社区学院以及为之提供服务的图书馆或学习资源中心（learning resource centers，LRCs）的历史，介绍了社区学院别具一格的特色以及学生的多元化。另外，还介绍了本书的结构，并简要概述各章主题。

历　史

了解历史有助于描绘未来。在美国，建立社区学院的主要动力是为美国不断增长的人口提供接受高等教育的机会。在许多方面，早期的先驱都是改

[①]　美国的副学士学位相当于我国的大专学历。——译者注

革家，他们认为教育应该对所有想获得教育的人敞开大门。追求继续教育实现自我塑造的理念是社区学院运动的指导思想。

社区学院

社区学院的历史可以追溯到1901年，那一年伊利诺伊州的乔利埃特市成立了第一所初级学院。初级学院是在自我教育运动和"人人都有受教育的权力"的进步主义思想中发展起来的。那时，正规教育在主要大都市以外的地区尚未得到很好的发展。在1870—1930年间，高中毕业人数不足总人口的5%（Kett 1994）。而且，当时高等院校的主要目的是为行政、法律、医学以及高等学术领域培养精英。

自1880年代开始，教育系统开始承担为工业化程度越来越高的岗位培训工人的压力。许多工人在私立商科学校接受过文秘、会计和商务管理培训。虽然许多现在被称为"土地赠款大学"（land grant college）的机构因得益于1860年的《莫利尔法案》（the Morrill Act）而建立，这些大学旨在为农场主和技师提供受教育的机会，但是高等教育对于许多小城镇和农村地区的人们来说依然遥不可及。初级学院正好填补了这一空白，使教育机会更为接近于小城镇。公立初级学院被认为是高中的延伸，是"高中后"教育，因而不属于高等教育的一部分（Kett 1994）。

初级学院为学生进入大学做准备。然而，漫长的大萧条显然导致了更多的学生滞留于高中，需要更多的职前培训，由此引发了一场扩展职业培训的运动。二战后，许多退伍军人试图完成由于战争而中断的学业，这使问题变得更加尖锐。教育改革家推动了两年制学校的双重使命：一是针对职业或特定职业的人员培训，二是四年制大学教育的前期准备。

在公立社区学院体系中，冲突持续存在于职业培训和大学基础教育之间。从1960年代到1990年代，许多大学系统中并存着两个学院：一个叫作技术学院或学院，另一个叫作社区学院。在很多情况下，两个机构相距仅几个街区而已。1990年代后期，来自政府的财政压力导致了体系的整合。例如在康涅狄格州，合并后的机构采用了社区－技术学院这个校名（现在的首都社区学院）。有些州依然存在着双轨教育体系。或者可以说，"社区学院"的标签肩负着职业教育和向四年制大学输送学生的双重使命。

社区学院名副其实，不辱其双重使命。它们是社区学院，因而与具体区域（而不是全美国或某个州）的需求息息相关。当一个企业落户社区时，临近的社区学院就会开发相关课程为该企业培养员工。社区学院为那些因经济原因不能马上就读四年制学院或大学的学生以及那些难以异地就学的学生提供大学前两年的通识课程。社区学院还为那些未完成中学学业的人们提供成人教育。

社区学院在21世纪面临着新的挑战。它们因为许多学生获取了贷款却不完成学业而受到攻击，还被指责过于迎合产业而忽略人文教育。由于经济大衰退在许多地方持续蔓延，各类学生涌入大学，试图获得有利于就业的教育培训，导致社区学院人满为患（AACC 2012）。对社区学院更多的期许加大了这种压力。一些州的立法机关要求社区学院提供四年制学位（目前只有佛罗里达州实现了这一转变）。更令人担心的是，向在线学习的转型趋势疏远了社区学院和特定地域社区之间的紧密关系。但是，社区学院仍然坚持其核心使命——为人人敞开学习的大门。社区学院是真正的民主机构（Boggs 2010）。

学习资源中心（LRCs）

约瑟夫·F.凯特（Joseph F. Kett）在其《困境下的知识追求》（*The Pursuit of Knowledge under Difficulties*）（1994）一书中指出，社区学院和图书馆有引人注目的相同起源。在19世纪，通过广泛阅读自学的人受到称赞。那时公共图书馆对外开放，所有人都可以接触到书籍，不局限于买得起书的人。图书馆从一开始就是人们追求自身兴趣和免费获取信息的地方。社区学院也是以相似的原则建立起来的。尽管有这些共同的关切，许多人却并没有将图书馆视作社区学院必不可少的服务设施。在科恩（Cohen）和布拉韦尔（Brawer）（2008）所著的第五版关于社区学院历史的长篇叙述中，图书馆和学习资源中心只占了两页纸的篇幅。D.乔琳·博克（D. Joleen Bock）（1984）那篇影响重大的关于学习资源中心历史的文章指出，在初级学院成立之初，人们认为课本就足以支撑学习需求。不幸的是，这种态度一直延续到了今天。

博克的文章发表在《社区和初级学院图书馆》（*Community and Junior College Libraries*）期刊最初几卷中，文章标题为《从图书馆到学习资源中心》（"From Libraries to Learning Resources Centers"）。这个标题反映了图书馆这类机构有了重要的创新性发展，这促使人们对图书馆的职能逐渐拥有一种更宽泛的认识。图书馆不再仅是人们获得书籍的地方，也是一个学习服务中心。这类新型的学习资源中心收集的资源包括早期版本的学习软件、视频和幻灯片，它们更适合成年学生、非传统学生以及残障学生。

尽管图书馆缺乏人们的关注，美国社区学院协会还是认识到了一个强大的图书馆的重要性，该理事会在其立场声明中称，图书馆是学院教与学任务的重要组成部分（2003）。他们进一步确认，图书馆不仅是一个物理空间，更是包含数字和非数字资源的馆藏体系，只要有适当的设备，人们就能从任何地方使用这些资源。然而，为克服数字或信息鸿沟，物理空间还是必需的。尽管这些中心可能被称为图书馆、学习资源中心或教学资源中心，但是总的来说，它们都在为读者提供经过组织整理的信息资源。

读者群体

社区学院免试入学，在所有教育机构中职能最广泛。读者决定了图书馆的任务、馆藏和服务。我们在这里先简单地介绍一下读者类别，本书在以后各章深入描述各种图书馆活动时，还会再涉及这一话题。图书馆服务始终是为满足读者需求而设计的。

（1）教师——每一个学术机构都有教师。与规模更大的机构相比，社区学院的教师在种族和民族方面更多元化（Provasnik，Planty 2008）。他们通常取得了其专业的最高学位或者硕士学位，而不是其他高等教育机构中所必需的博士学位。社区学院的教师中有三分之二是兼职的。

（2）职员——图书馆自己的工作人员固然很重要，但是学院所有的职员都可以被培养成为图书馆的支持者。行政、咨询和辅导人员在支持学生和图书馆活动方面都是有力的盟友。

（3）学生——社区学院培养美国几乎半数的大学生，学生类别主要包括：

• 初中/高中选修社区学院课程的学生（early/middle college attendees）——这些教育项目是中学教学计划的扩展，许多学生自九年级起在社区学院就读，五年后获得副学士学位。

• 意图获得普通教育水平证书（General Education Development，GED）的学生——没有完成高中教育的学生常返回社区学院参加高中同等水平考试，或完成全部高中课程的学习。

• 职业学生——从核技术到美容业，许多学生前来社区学院获得职业证书或副学士学位。

• 转校生——许多学生只学习一些通识教育课程，然后转入四年制高校。

• 英语为第二语言的学生——难民和移民，其中有些人具有他们本国的高等学位，他们到社区学院学习以提高他们的语言能力。

（4）社区成员——所有的公立机构都对州、郡或城市的纳税人开放。

学生可以依上述教育项目分类，也可以按人口统计特征分类。与其他机构相比，社区学院拥有更多来自其他种族背景的学生。一项全国统计表明：16%的社区学院学生是西班牙裔或拉丁裔，14%是黑人，6%是亚裔（AACC 2012）。除此之外，学生的平均年龄是28岁，许多学生符合非传统学生的定义，包括正在工作、有孩子、18岁以上、经济上独立。值得注意的是，社区学院42%的学生说他们是家里的第一个大学生。

本 书 规 划

许多图书馆学的学生和图书馆的专业人士没有意识到社区学院有着很完善的图书馆和许多创新的项目。正如珍妮弗·阿诺德（Jennifer Arnold 2009）在她的文章《社区学院之困境》（The Community College Conundrum）中所推测的那样：社区学院图书馆员可能正就职于被忽视的机构，因此在图书馆界未得到重视。金·利德（Kim Leeder）（2012）在博客中指出，教育界存在着既影响馆员又影响教师的势利之见，但是作为一名新的社区学院图书馆员，她非常喜欢同学生的联系和接触。阿诺德、利德以及博客的许多回复者指出：社区学院图书馆员由于人手不足而需从事更广泛的业务活动。本书涉及的多个主题将反映社区学院图书馆员所需要承担的职责以及完成这些职责所需要的技能。每一章都含有章节目录和总结，各章正文从社区学院图书馆的角度对该章主题进行深入的分析。每一章都有一段小故事，讲述了笔者个人在社区学院图书馆工作时的经历。本书涉及的主要议题，以及它们在各章中的位置介绍如下：

（1）沟通——与用户沟通是图书馆员要从事的最重要的活动之一。第二章介绍了一种倡导沟通形式。第三章将参考咨询描绘成一种沟通形式，并且讨论了许多横亘在图书馆员和读者之间的障碍。第十一章对多项图书馆2.0的技术做了评论，这些技术的应用都是为了更好地与各类用户沟通。

（2）多元化——本章介绍了人口统计意义上的多元化。第三章指出针对不同对象量身定制参考咨询服务的重要性。第五章指出如何针对不同对象制订信息素养计划。第六章讨论如何根据不同学习风格设计教学。最后，第十章深度讨论多元化的议题以及一些适合不同人群的服务。

（3）图书馆管理——第二章介绍图书馆管理的多种行政组织结构。第八章具体阐述预算和设备。第十三章专门针对已经担任主管职位的人员介绍战略规划的概念。

（4）职业发展——第二章介绍了社区学院图书馆员的各种职业发展活动。第七章为社区学院图书馆员需要完成的各种活动提供帮助。第十一章列举了一些图书馆员应该学习的重要技术。

（5）资源管理——第九章介绍了社区学院的馆藏建设，包括档案和数字展览等特殊馆藏。第十一章涉及图书馆集成管理系统和其他内容管理技术。

（6）标准和评估——地区和国家认证组织制定的标准是评审图书馆的依据。第四章介绍其中的一些标准。第十二章讨论如何衡量是否达到标准以及项目和服务的持续评估议题。第十三章讨论战略规划的议题，这有助于为评估活动和监测奠定基础，以考量组织如何实现目标。

（7）教学与教学设计——第五章介绍信息素养及其对社区学院学生的重要性。第六章讨论针对特定学习成果的教学设计。

（8）特别针对主管人员——第七章讨论领导力，因为它涉及个人成为领导的议题。一个领导并不一定就是经理或者主管，而是凭借人格魅力或是人际关系方式即可以对别人产生影响的人。领导员工与督导或管理他们不同，然而有时候，领导可能要兼任这两种角色。第十三章主要针对那些主管他人（或者说与他人是比较正式的领导被领导的关系）的人而写的。这里涉及的是基本的主管技能以及战略规划对图书馆可持续发展的重要性。

我们的故事

在去社区-技术学院工作之前，我曾先后在几个大学图书馆里担任参考咨询馆员。我很喜欢我的头衔，因为就是普普通通的"图书馆员"。我几乎每样工作都做过，我负责选择技术程序，我是系统馆员，也做咨询和教学。我喜欢做不同的工作，喜欢与真正需要我的学生有直接的联系。在社区-技术学院的工作是我在图书馆的最后一个职位，有时我还真怀念那段经历。

——诺拉·J.伯德

在从事22年零售业管理工作后，我边学习图书馆学硕士学位，边在一家大型公共图书馆担任读者服务部主任。后来我得到了担任社区学院图书馆馆长的机会，这个职位将我所有的知识和工作经验都用上了。我喜欢在社区学院图书馆感受到多元化、互动性和充满活力的氛围。这些记忆我会永远铭记。

——迈克尔·A.克伦普顿

结束语

社区学院是许多当地居民的学习中心，而社区学院图书馆则是真正的学习资源中心，对它们不同的用户（即学生、教职员工和社区）有着巨大的影响。本书为图书馆专业的学生和图书馆的工作人员介绍这些机构的服务、规划和管理。

第二章　行政结构和职能

美国社区学院图书馆和其他组织一样，存在多种不同的形态、规模和类型。在大多数情况下，它们被归类为高校图书馆，但它们往往也为公众或社区居民服务，偶尔也是联结学校使命和支持它的社区的纽带。无论如何，社区学院图书馆的运作环境非常独特。下面所列的内容，反映了社区学院图书馆员共同面临的期望和活动。

（1）社区学院图书馆的性质决定了它要与各种不同类型的用户打交道；

（2）为劳动者提供支持，解决终身学习的过程中存在的问题；

（3）为学院合作机构开办的大学早期和中期课程提供服务；

（4）大多数员工职位较低，需要一定水平的个人技能培训；

（5）支持学院的远程教育项目；

（6）掌握和使用适合具体图书馆环境的管理技巧；

（7）为非传统学生提供成人学习（又称成人教育）技能；

（8）为包括核心教育和职业技能培训在内的多种教学项目提供专业资源；

（9）满足不同程度的信息素养需求，提供基础知识、成人教育、职业教育（如在职）、信息素养培训，并针对希望转入四年制大学的学生设立研究项目。

由于外界有着不同的期望，社区学院图书馆在结构上既不同于大型学术图书馆，也不同于专注于满足大众需求的公共图书馆。它的结构还取决于社区学院的使命，取决于图书馆、图书馆员和其他工作人员在履行实现学院使命中所扮演的预期角色。

组织结构

组织有自己独特的结构，可以确保其运作和工作方式支持利益相关方的目标和使命，这有助于为具有相似目的的个人或群体（例如部门或团队）定义角色和职责。组织结构可以呈现为不同类型的矩阵模型，以不同的方向分配工作和职责；它也可以是一个平面结构，每个人都向一个共同的领导汇报。组织的结构方式及其在更高层次结构中的汇报关系对于组织的整体成功和成长至关重要。

图书馆的组织结构分别关注三个不同的领域：学术项目、信息技术（information technology，IT）和学生服务。学生服务包括为本校的学生提供支持的服务和业务。这里的每一个关注重点都决定了汇报关系结构，图书馆将根据汇报结构在更大的范围内运作，这最终还与获得的财务和其他类型的支持有关。这都是一些概括性的例子。如前所述，社区学院图书馆可以为特殊人群提供定制服务，但是，组织结构仍是图书馆员争取经费和资源支持的关键。

在以学术为重点的结构中，图书馆的使命与社区学院各教学部门的任务目标紧密相连。对于图书馆的资源和服务来说，这是更为传统而且更为理想的途径。其重点确实包括帮助传统学生为两年之后的高等教育做好准备，但会最大限度地减少满足职业学生和非传统学生需要的机会。采用这种方法的服务通常可以促进公共服务，并且非常侧重参考咨询和指导性服务。此结构往往包括具体的馆藏规划，其中与教师的关系是以资源为导向的，因此，需要强大的技术服务［包括馆际互借（interlibrary loan，ILL）活动］，以扩展满足教师和学生资料需求的能力。馆藏通常还包括视听或媒体部分以及获取信息所需的设备，而且馆藏采访仍然要基于课程内容，与教师合作进行。

在道尔（Dowell）《学生学习专谈》（*It's all About Student Learning*）一书中，题目为"图书馆/学习资源中心的组织结构"的一章里，迈克尔·D.拉斯克（Michael D. Rusk）更加详细地解释了社区学院传统的组织结构以及它在更大组织中的作用（2006）。为与图书馆的信息素养使命以及对行业的作用和贡献保持一致，社区学院图书馆通过与美国图书馆协会（American Library Association，ALA）和美国学院和研究图书馆协会等协会的合作，使其在该组织结构中产生的活动更加符合这些组织和行业的标准和评估准则。该结构应该包括：

（1）公共服务、参考咨询和培训指导；

（2）含视听资料的馆藏建设；

（3）含馆际互借的技术服务。

拉斯克承认，自动化系统和电子资源正在改变社区学院图书馆的活动，为新职位和新的组织结构模型创造机遇。为了应对这些变化，美国各地的很多社区学院图书馆或学习资源中心被归入了学校的IT部门。这样做是为了将学校的计算机实验室、各系部电子资源甚至受过IT培训的人员的运营和监管，与承担这些职责的图书馆员和相关工作人员相结合，以发挥规模经济的优势。

任何事情都有利有弊，这种做法也不例外。其优点在于IT基础设施得到加强，有助于图书馆适应新兴的电子化趋势，也满足了读者追求高水平、多样化的信息获取方式的需求。这些更高级的技术应该用于满足校园的核心群体的需要。这就引出了另一个优势：社区学院凭借其使命，利用先进技术指导学生，而当图书馆与IT部门建立牢固的关系时，它便更有可能获得利用新技术提供服务所需的资源。

对于图书馆来说，归属于IT部门也存在一些缺点。首先，它导致图书馆与人文学科以及其他教学部门的联系减弱。教师通常依赖传统的资源和服务模式，期待图书馆强化或完善其核心教育课程赖以建立的学术标准。归属于IT部门的图书馆的组织结构可能包括：

（1）系统相关工作职位；

（2）电子资源采购和维护的职位；

（3）实验室人员或技术支持等职位。

当前使用的另一种组织结构是学生服务或商业服务模式（Born, et al. 2000）。这种模式将图书馆归入为学生提供的一系列服务中，图书馆向负责学生事务的教务院长汇报工作。它的优势在于，学生、潜在学生、学生家长以及社区支持者最初将图书馆视为学院的一部分，之后，图书馆自然而然地成为集合了各种支持服务的机构。这个模式的另一个优势是，图书馆馆长常常忙于策划举办各种活动，这些活动通常有助于增加图书馆的访问量或服务曝光度，进而提升图书馆在校园内的知名度。其缺点可能包括：图书馆和教学部门之间的关系问题；对图书馆学术水平资格的误解；预算方面的困难，即无法获得所需资金为校园提供预期支持服务。商业服务模式结构还可能导致IT部门在工作中忽略图书馆的需求，使学生不清楚如何获得必要的电子资源和设备。商业服务模式中的图书馆可能具有如下特点：

（1）向教务院长汇报工作；

（2）与其他服务部门或组织共享资源和营销；

（3）与IT或教学部门脱节，这意味着一种不同类型的关系。

上述所有组织模式都取决于学院不同工作组和部门之间的关系，以及图书馆的任务与学院整体使命之间的支持关系。正如我们将在"标准、认证和机构支持"一章中讨论的那样，图书馆的服务资格和特性对于任何官方认证的学校来说都是必不可少的。尽管如此，图书馆的公认价值以及它在学院中所起的作用是可以改变的，这取决于如何建立和培养各种关系。

社区学院图书馆工作人员的胜任力

社区学院图书馆员和职员①个人所需具备的能力，通常比学术图书馆

---

① 美国高校图书馆工作人员一般分为馆员（具有ALA认证的MLIS硕士学位）和职员（辅助专业人员）。——译者注

和公共图书馆工作人员的能力要广泛。美国人力资源管理学会（Society of Human Resources Management，SHRM）将"胜任力"定义为"一系列包含知识、技能、能力和个人特性的行为，其总和对成功完成工作至关重要"（SHRM 2008）。一个人拥有的知识、技能和能力（knowledge，skills，and abilities，KSAs）是任何给定工作所需的一系列特殊素质、经验和个人价值，它们对于确认和处理图书馆每个职位所需的技能至关重要，其定义如下：

（1）知识——指经过整理的，通常为正式的信息，例如用于教育/培训的内容，或者以事实或步骤为内容特征的信息。它如果用于工作，会带来良好的工作表现。它也可以被视为可直接应用于特定工作职能的信息主体。

（2）技能——指动手能力、口头表达能力以及处理数据或事物的动脑能力。技能可以轻松地通过绩效测试来衡量，即对设定时间内的绩效进行数量和质量的评估和检测。熟练使用或应用事物的例子包括使用键盘或驾驶汽车的技能。熟练处理数据的例子包括使用十进位计算或检查错位数字的技能。

（3）能力——指目前从事具体工作的能力和动力。也就是说，已在同类工作中被证实并且适用于本项工作的必备能力，例如计划和组织能力。能力不同于资质，资质只是从事某项活动的潜质。

职场运用胜任力来确定招聘需求，然后通过相关程序获取特定职位所需要的知识、技能和能力。雇佣方需要针对具体需求确认胜任力的情况包括：职位和职责的确定、职位等级的分类和（或）提升、服务或支持体系的扩展以及人员结构的增加或改变。另一个体现胜任力发展重要性的领域是绩效管理，其原因包括：评估和审查、培训或职业发展需要、改进服务或服务项目、解决新技术或新职责相关问题。 11

总之，发展胜任力的内容或者模型有助于评估和确定机构内人力资源的需求，并且能够将个人贡献与所需要的胜任力进行匹配。吉塞克（Giesecke）和麦克尼尔（McNeil）（1999）在他们的《核心胜任力和学习组织》（"Core

Competencies and the Learning Organization"）一文中提出了下列12项核心胜任力：

（1）分析问题、解决问题以及决策的能力；

（2）沟通能力；

（3）创造力和创新力；

（4）专业知识和技术知识；

（5）灵活性和适应性；

（6）人际交往和团队合作能力；

（7）领导能力；

（8）组织理解能力和全球思维能力；

（9）主人翁精神、责任感和可靠性；

（10）计划和组织能力；

（11）资源管理能力；

（12）服务态度和用户满意度。

以上反映了在社区学院的大环境下受到重视的基本技能的划分情况，它们还可以根据具体情况或机构需求进一步细分。重要的是确定满足特定组织需求的能力，例如对多元化、变革或包括组织发展倡议有积极作用的能力，还可以包括如自我管理、对他人的理解和同情以及建立良好的人际关系等情商相关内容。社区学院图书馆具有独特性，图书馆工作人员的能力应该反映出这种独特性，例如，要发展一些特定能力，包括与各种学生和各种学习风格打交道的能力、面对经济挑战的应变能力、发展不同环境下的人际关系能力以及足智多谋的能力，因为这些能力有助于图书馆工作人员找到实现目标所需的方法和资源。社区学院图书馆员传统上都是在较大的组织机构中担任具体的角色，但是随着变化的发生，图书馆工作人员的能力也必须相应地变化，以适应组织的新需求。可能影响个人胜任力模型的新角色和职责包括：

（1）参与校园活动；

（2）内容管理；

（3）教与学；

（4）学术交流；

（5）参考咨询和帮助；

（6）当地社区外展；

（7）筹款；

（8）展览和陈列；

（9）活动策划；

（10）领导力议题。

在社区学院图书馆工作虽然富有挑战性，但最终会有所收获。将胜任力的内容形成书面文件，能够将个人的贡献和组织机构的需求进行有效的匹配。了解这一点，将会对组织整体的良性运作产生重大的影响。

图书馆工作人员的职位和预期

在任何类型的图书馆中，大多数工作人员就职于各种类别的岗位，有着不同的职责和角色。社区学院图书馆中，通常分为专业人员岗位和辅助人员岗位，这两种岗位有着不同层次的职责和权限以及对单位的贡献的预期能力。专业人员包括馆员和行政管理人员，他们通常负责：

（1）馆员——负责信息素养教学和终身学习活动，进行资源评估，理解和传达与运作有关的社会问题，与教师和社区一起开展延伸活动。

（2）行政管理人员——监督促进图书馆实现愿景和使命，在上层组织或校园争取资源。

辅助人员就像保证机器运转的发动机一样重要，主要包括技术人员或助理，他们负责：

技术人员或助理——提供多项服务，如网页设计、视听活动、借阅、期刊/连续出版物处理，公共服务的文员工作和馆藏工作（例如处理订单和技术支持服务）。

所有这些角色对于组织机构来说都很重要。在许多情况下，由于运作是在很小的环境中进行的，所以会发生职责和活动重叠的情况。许多馆员甚至行政管理人员也都承担了一些原本分配给技术人员或助理的一线工作。

远程教育已成为社区学院课程的重要方面，社区学院图书馆员也需要具备这方面的能力。撒奇（Thach）和墨菲（Murphy）（1995）认为以下内容形成了独特的能力组合：

（1）人际沟通技巧；

（2）规划技能；

（3）团队合作技能；

（4）英语能力；

（5）写作能力；

（6）组织能力；

（7）反馈技巧；

13-14　（8）远程教育领域的知识；

（9）技术知识，至少是基础知识；

（10）技术获取知识。

招聘启事

胜任力一旦经所在单位确认就成为职位描述的内容，并且在雇用新馆员或职员时成为岗位招聘中的一部分内容。在这上面花费适当的时间和努力十分重要，因为招聘程序的启动是从明确需求、设定对入选者的工作预期开始的。如前所述，社区学院图书馆员身兼数职，业务范围宽泛。下列的岗位描述样本包含许多社区学院图书馆员可能需要的任务和职责。

概述：在很少有领导介入的情况下，此岗位为学生和教职员工提供信息素养教育、资源介绍和图书馆服务。职能责任包括：

1.根据需要或教师的要求，在课堂上为学生提供涉及广泛学科领域的信息素养课。

2.提供使用图书馆资源的指导和培训，包括印刷、多媒体和电子格式。

3.与其他图书馆工作人员一起提供公共服务，包括参考咨询和研究帮助、获取预留资料（reserves）[①]和馆际互借资料以及一般的资料流通工作。

4.根据需要，从事编目工作。

5.更新和维护图书馆的联机公共查询目录（Online Public Access Catalog, OPAC）。

6.准备和上传读者记录，出现异常情况时进行维护。

7.根据需要，人工处理资料流通。

8.负责所指派学科的馆藏建设。

9.根据需要维护数据库，控制目录数据库的访问权限。

10.协助进行图书馆网站和相关网络服务的开发和维护。

11.参与图书馆运作以及资源采购相关政策的审查和执行。

12.通过参加各种学校、地区和国家级组织委员会和（或）工作组为图书馆提供服务。

13.利用职业发展培训的机会，紧跟适合图书馆实践和流程的最新专业知识和技术。

14.根据指派，督导其他工作人员或学生。

15.馆长不在岗时，全面监督图书馆的运行和功能。

必须具备的知识、技能和个人资格：

1.图书馆实践和工作程序常识，以及在特定领域的最佳处理方法。

2.采购流程和编目标准知识。

3.了解与自动化图书馆系统有关的基本概念。

4.了解基于网络的图书馆服务和教学工具的创建和使用。

5.在多元化和动态的环境中工作的能力。

6.致力于高标准的读者服务及和其他员工的团队合作。

7.能够根据需要，灵活调整工作时间，包括晚上和周末。

———————

① 保证修同一门课的学生都能够读到"必读资料"（书籍或文章）的一项服务。图书馆根据教师要求将书和文章放在"预留资料借阅处"，并限定每人每次的借阅时间以保证所有学生阅读的机会。——译者注

8.能够考虑先后缓急安排工作，以实现图书馆和校园合作伙伴的任务和目标。

9.能够始终如一按步骤要求进行并将步骤落实到具体细节。

10.能使用通用的计算机硬件和软件。

11.熟悉馆际互借和资料留用流程。

所需经验：一年图书馆工作经验，最好是在社区学院。具有教学或相关经验者优先。

所需的教育背景：美国图书馆协会认证的图书馆学情报学硕士学位。

这份职位描述涵盖了社区学院图书馆员所需的非常广泛的职责和技能，也确定了这个职位的复杂性。图书馆一旦认可该描述是准确的，面试问题和面试过程就应该反映所需技能的名称，以便应聘者可以正确地陈述其能力。这样的招聘启事也将成为成功入选者的职位描述，并依此进行绩效评估。

在职学习

最近的一项调查（2010）试图找出社区学院图书馆员的哪些技能是通过教育获得的，哪些是在工作中学得的。这一区别很重要，随着技术和流程的变化，涌现了新的职业发展机会，但是这些机会未必都会被馆员所利用。情况允许的时候，在工作中学习是可能的。因此必须对此予以承认，以便将这些能力纳入管理结构。例如，在2010年的这个调查中，有一个问题要求调查对象说明工作中学到的技能和学业中所学的技能。结果请见图2-1。

15　　　图2-1所列项目中有许多都不是过去图书馆学校课程的内容，现在也未必是，但是这些项目代表了与学生及教职员工进行有效交流、提供服务所需要的重要技能。有趣的是，根据笔者的经验，大多数新兴的知识都是馆员在工作中学习的，而不是通过正式途径学习的，这意味着图书馆的组织结构中可能会遗漏这些技能；主动投入时间与精力去寻求专业发展的途径很重要。

相对于学术培训，你在工作中学到了什么技能？

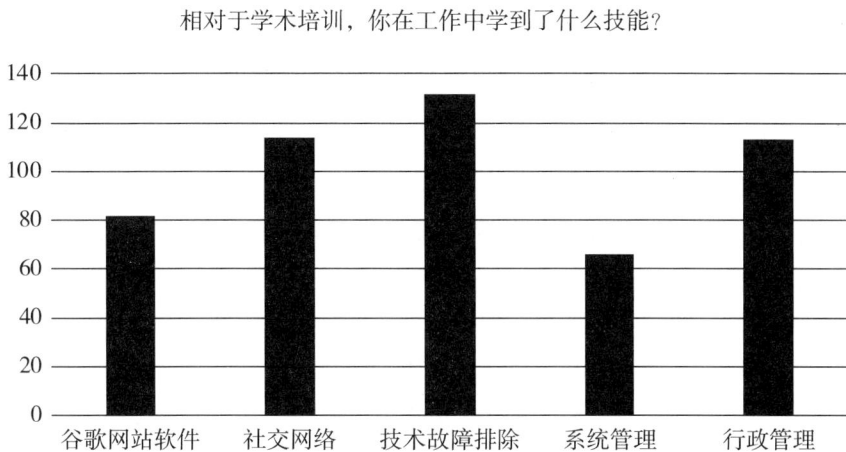

图2-1　在职获得技能调查

专业发展

前面的岗位描述展示了大多数社区学院图书馆员所需要的一些基本简单的能力。在任何一种情况下，应聘者需要针对各种新的招聘机会确定自己的能力，在职馆员也需要在知识、技能和能力方面提升或更新，以满足组织机构不断变化的需求。

联机计算机图书馆中心（Online Computer Library Center，OCLC）和其他组织支持的强新网（WebJunction）①——一个支持图书馆学习机会的组织，于2009年发布了《图书馆领域能力指标》（*the Competency Index for the Library Field*），该指标可以从其网站免费获得②。这是图书馆专业人员的能力指标、指南和清单。编制图书馆实践能力的目的是帮助各种规模和类型的

① WebJunction由OCLC在2003年发起，已经有超过8万名图书馆工作人员免费使用。译者取复合词前半部分"Web"之义（网），后半部分"Junction"之音，首次将其译为"强新网"。——译者注

② https://www.webjunction.org/documents/webjunction/Competency_Index_for_the_Library_Field.html。

16 图书馆明确馆员的基本能力，增长员工的技能和知识，并最终满足社区的需求。这是开发图书馆工作人员能力的有用工具。这些能力是由众多的图书馆从业者和领导者提供的信息汇编而成的，涵盖了图书馆管理（个人和人际关系）、公共服务、技术服务和技术几个方面。

例如，在能力指标中可以找到吉塞克（Giesecke）和麦克尼尔（McNeil）（1999）的核心沟通能力（见表2-1）。

表2-1　沟通能力

沟通	
清晰有效的沟通是您与同事、主管人员、读者和所有利益相关方成功建立关系的基础。沟通能力是客户服务不可或缺的。	
能力：沟通	使用多种方法有效沟通
相关技能和知识	• 坦率直接的口头和书面交流； • 确定要沟通的事情和想法，提供准确及时的信息； • 以清晰简明的方式表达想法，并具有适当的热情； • 展现熟练的写作技巧（良好的语法和句子结构、准确的拼写、逻辑思维）； • 展现熟练的公开演讲技巧（口齿清楚、表达能力强、生动活泼的表达能力）。
能力：沟通	与来自不同背景的各种听众和个人进行有效沟通
相关技能和知识	• 以专业、热情和适合所有听众的方式讲话和写作； • 表现对每一位听众的看法、观点和交流方式的理解； • 营造包容、肯定和尊重的交流氛围。
能力：沟通	根据不同情景需要，选择并应用最恰当和有效的沟通方法
相关技能和知识	• 通过有效沟通以达成共识、说服、指导和（或）激励的目的； • 了解并运用积极倾听以及提开放式问题的技巧； • 选择适当的沟通策略，建设性地解决冲突； • 使用谈判技巧以确保获得有益结果。

笔者无意罗列和概括各种职业的发展机会，而是要报告、反映新趋势和

变化的组织需求（即人员发展的方式，以及如何将新的能力纳入组织结构）的重要性。这应该通过更新的岗位描述和人员招聘来确定，也将成为绩效考核和个人评估过程的一部分。它为组织响应和跟进潮流提供了一个框架。

调查中的另一个问题涉及招聘过程中所需要的技能。用人单位通常会通过在招聘中纳入新技能作为组织所需技能的基准并使其成为整个员工所需技能的新基准。图2-2显示了基于新招聘的所需技能类型（请注意在不久前，这些技能还不会被视作传统技能）。

你希望新员工能掌握的最优先的三项技能是什么？
从下表中选择三项

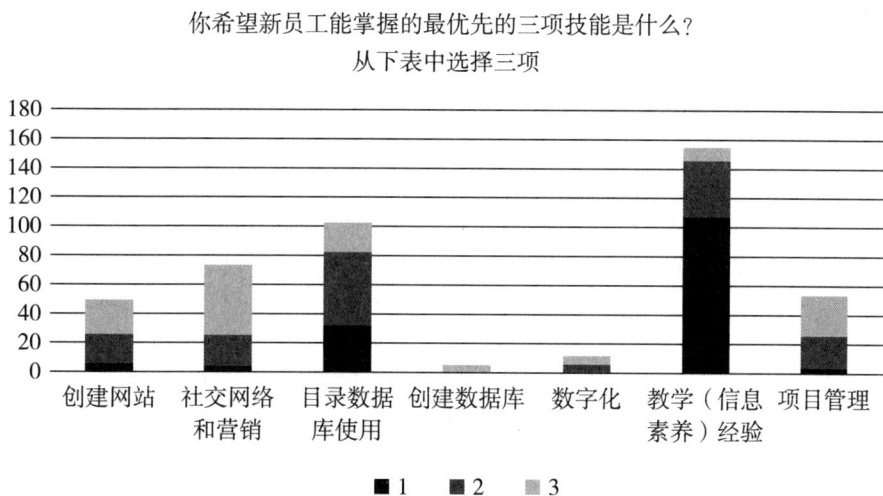

图2-2 新员工的技能

定义组织文化

一个组织的组织文化是生产力和实现组织目标的关键组成部分，它是从组织的历史、遵循的传统、员工共同的价值观及制定目标的愿景发展而来的。在一篇具有里程碑意义的文章中，组织文化专家埃德加·H.沙因（Edgar H. Schein）将组织文化定义为："某种特定群体在学习处置关于适应外部和整合内部的问题时，发明、发现或发展出的基本假设模式。该模式运行良好、确认有效，因此用于教育新成员，作为帮助其认识、思考和感知相关问题的正确方法"（Schein 1990）。

图书馆是组织文化成长和发展的理想职场，许多图书馆的使命宣言都扎根于传统的组织文化活动中。图书馆的使命宣言（尤其是学术性和研究型机构图书馆）通常称图书馆为场所，并强调使用评估和使用资源以及获取广泛的机构拥有的和免费提供的信息的重要性。图书馆工作人员不仅需要具备使用资源和技术的资格，还必须发展一种文化，其中包括持续的培训、敬业的职业道德、多样且包容的观点以及彼此鼓励创造力和服务用户的能力。

这意味着图书馆工作人员应该积极主动地开展工作，共同协作，共同完成任务以共享成功。沙因还指出，员工理想的组织文化包括共同的首要任务、奖励以及促进包容、高效和奉献的机构价值观，同时仍然具有多元化的思想和行动空间（Schein 1992）。结果是人人都有责任为政策和程序做出贡献，大家在组织如何运作以及客户和其他机构人员如何看待组织的问题上达成共识。

个人对组织所做出的责任承诺以及工作表现可以通过以下几个方面来衡量：

（1）责任心——在执行任何任务或支持行动中表现出强烈的责任感；

（2）有效沟通——认识到沟通是双向的，努力使沟通顺畅；

（3）专业精神——在工作场所不考虑个人事务，这对于保持客观和务实的观点是重要的；

（4）适应性——遇到意外情况或问题发生时有应变能力；

（5）权力分流——这是推动工作进展的重要技能；

（6）质量——高标准可以保证所有人的成功；

（7）合作——团队承担工作负荷，有助于减轻个人负担，使所有队员保持一致；

（8）认可和奖励——认可并奖励同事可以极大地提高他们的忠诚度；

（9）冒险精神——提供激情和动机，推动团队前进；

（10）投入——工作场所是一个人除家庭外花费时间最长的地方，因此全心投入能带来价值感；

（11）诚信——必须有高的道德标准，信誉是买不到的；

（12）持续提升品质——始终学习和寻找改进的方法，图书馆职业很容易令人自满和停滞；

（13）良好的情绪、士气——学会感受事物积极的一面，对别人说正面的话；

（14）服务导向——在服务性的工作中有很高的服务意识和满足感；

（15）礼貌待人，尊重他人——对于优秀的图书馆工作人员展现其专业性至关重要；

（16）管理权——对保持和维护信心至关重要；

（17）多元化——为了珍惜自己、珍惜团队、珍惜工作场所，学会珍视差异；

（18）信任——相互信任可以造就一支和谐的团队。

道德和诚信

与其他任何大学图书馆员相比，社区学院图书馆员都要影响更多学生的生活，然而，由于他们服务的社区学院被认为不如其他高等教育机构有价值，所以他们常常在职业中被边缘化。如何去改变图书馆行业中这样的认识呢？一个途径就是通过博客、推特和各类出版物，在有关职业的讨论中加入自己的声音，就像在社区学院中最新出现的学习资源中心这样的创新一样。图书馆员们可以与世界分享以学生为中心的理念，宣传他们和学生学习之间的联系。

社区学院图书馆员必须向教师和管理人员宣传其服务的重要性。宣传是对"图书馆服务无用论"加以反驳的一个途径。公共关系旨在引起人们对短期目标的关注，而倡导不限于此，它也不同于市场营销，市场营销发生在固定的时间内。对于图书馆来说，与倡导有关的是新服务或新馆藏。倡导是一个持续的过程，涉及整个组织（从馆长或主任到前台勤工俭学的学生）的职业精神。

无论作为读者的您是学生、行内新人还是长期从业人员，有一件重要的事情就是问自己：拥有图书馆学硕士学位的人与没有图书馆学硕士学位的人到底有什么区别？专业人员最重要的一个特征就是，他们遵守职业道德准则，并且能够在出现严重问题时承担责任。无论面临什么样的挑战——是关于馆藏内容的、服务中不能公平待人的，还是工作人员士气的——专业人士都会努力去解决这些在工作中出现的问题。

人力资源管理学会将职业道德准则（Code of Ethics，COE）定义为：组织内指导决策和行为的行为准则。该准则是组织规范和态度的基础。从新员工培训到绩效标准，规范在组织内的各方面都很重要。职业道德准则提供了一个在战略规划过程中至关重要的共同的参考框架。职业道德准则可能涉及许多问题，包括：

（1）隐私权；

（2）身份保护；

（3）聘用办法（包括兼职学生）；

（4）审查制度；

（5）平等获取和响应；

（6）为用户和员工创建安全的环境；

（7）骚扰问题；

（8）培训；

（9）做出艰难抉择。

20　　美国图书馆协会的职业道德规范是专业人士应该了解的基本文件之一，但只是抽象地了解一些词义是不够的，每一个馆员都应该有自己关于图书馆学的理念，用以在职场中指导自己。如果您尚未将自己的理念写下来，请花些时间考虑自己新的职业生涯的每一个部分。您对公共服务的立场是什么？您如何处置多元化的问题？您的教学理念是什么？写下您的观点，并花些时间思考这些观点是职业发展的基础。查阅这些文字并不时更新它们将能使您不仅仅是一名普通的图书馆工作人员，它有助于您超越唐纳德·舍恩（Donald Schön）所说的"领域的艺术性"（artistry in the field）。艺术性比能力更持久，它将对工作的关注和实现它的方法结合了起来（Schön 1989）。

佩姬·霍利曼（Peggy Holleman）（1989）对于社区学院，特别是图书馆或学习资源相关的伦理学，提出了一个有趣的观点。她写到，由于社区学院使命的性质，社区学院图书馆员必须是多能型人才。她认为，在大学推进奖学金和学术活动的同时，社区学院却在把重点放在教学和培训上（包括职业培训），图书馆也因此必须本着职业精神，使这一重点体现在所提供的服务当中。现代的职业已经发生了变化，但是我们应该问问自己，我们的重点对于我们的具体情况是否仍然有效。

另外，关于图书馆职业和教学的理念，会让您在新的单位安然度过最初的几个月。研究表明，在从事新职业的准备中，最大的突破口之一，就是准备应对职场政治（Oud 2008）。保持自身的职业理念，有助于您缓和与心怀不满的同事或者令人感到压力的领导之间的关系。此外，更新这些理念将有助于战略的制定、绩效的提高以及专业的发展。

我 的 故 事

我拥有一张人力资源证书，我认为这是我的特殊技能之一。以我的从商背景来看，正式且牢固的组织结构的重要性是再怎么强调也不为过的，组织结构具有为图书馆工作人员提供目标和方向的所有方法。职位描述设定了绩效期望，而能力的定义则有助于为所有员工提供一条个人发展以及职业发展的途径。

结 束 语

本章描述了组织和专业领域具有的复杂性。这些组织和专业领域致力于提供诚信而完整的服务。社区学院图书馆的大部分人力资源活动都集中发生在学校的人力资源办公室里。然而，图书馆工作人员需要了解有关的流程和方法，以及它们如何影响图书馆在更大的校园环境中的成功运营。

第三章　参考咨询和信息查询

　　参考咨询是图书馆和馆员的核心服务之一。参考咨询的核心是通过面对面咨询、电话连线、网络聊天等传递方式将人们同信息资源连接起来，从而满足特定的需求。虽然许多参考咨询服务相关的技能适用于所有的图书馆，但是说到社区学院图书馆，我们还是需要使用一些在传统的参考咨询书中很少讨论的概念。本章除了概述参考咨询服务外，还涉及社区学院校园的图书馆焦虑（library anxiety）现象，也讨论了社区学院图书馆学习环境的重要方面：信息的深层咨询（counseling）①和个别辅导（tutoring）。望读者谨记，本章有关参考咨询的讨论并不面面俱到（见 Bopp，Smith 2011；Cassell，Hiremath 2011；Katz 2002）。本章的目的是讨论参考咨询的基本原则，以及如何将其应用于社区学院图书馆。为此，本章详述了参考咨询会话、信息行为以及咨询双方的交流互动场所。

参考咨询会话

　　所谓的参考咨询，就是通过一系列的提问和回答而达成读者和馆员之间的基本交流。馆员的提问方式不尽相同，但目的都是为了帮助读者向馆员清楚明白地提出信息需求，然后馆员向读者解答信息系统。在这里，信息体系

---

　　①　深层咨询（counseling）是参考咨询的一种形式，不同于普通咨询通常只有一个问题，深层咨询往往包含较长时期内围绕某个课题的一系列的问题。——译者注

包括从图书馆的内部布局到数据库界面使用的方方面面。图书馆员了解图书馆的体系，读者知道自己的问题，会话是双方通过问答交流而达成问题圆满解决的途径（Taylor 1968）。

大量的书籍和文章都有对成功会话基本步骤的描述。下列这组专门针对社区学院的步骤，是在多位作者（请特别参考 Ross, et al. 2009）的著作基础上改写的。

（1）建立与读者之间的连接

这一步最为重要。我们先回顾一下第二章中有关典型的社区学院学生以及教职员工的统计数据。在社区学院的环境中，建立连接是克服那些可能阻碍读者成功的最有效的方法。将咨询台设置在容易被看到的地方，或是开通虚拟服务，这些都是建立连接的开端。读者与馆员连接的方法除了电话之外还有其他几种。即时连接可以通过聊天工具（chat）、即时通信（IM）、脸书（Facebook）、推特（Twitter）甚至短信（text）来实现。参考咨询人员必须接受使用这些即时连接的培训，并且在图书馆开放期间，必须有对各项服务的监视。

（2）与读者就索取信息的主题、类型和目的进行对话

打招呼表示您看到了读者，或是给读者一个微笑表明您准备好了解答问题，交流的开始就是这么简单。

（3）为读者或与读者一起草拟一个获取信息的方法，并逐一传授资源的使用

• 在社区学院这样的学习环境中，参考咨询互动的重点在于帮助+传授同步进行。将方法教给读者，使读者在今后的研究中能够自己动手操作，馆员在这一方面起着关键的作用。对于那些尚不能将信息素养教育普及到每一个学生的图书馆来说，一对一的或是咨询现场的教学机会非常重要，它可能是馆员将重要的技能传授给学生的仅有机会。

• 明确需求在先，决定方法在后，不能本末倒置。

（4）寻找信息资源，确定资源的权威性、公正性和时效性

• 读者和馆员之间的合作程度越高，成功的可能性就越大（Agosto，et al. 2011）。

• 馆员和学生一起学习，这样的相互提高和相互学习的态度可以平衡二者的权威关系。馆员不是最权威的专家，而只能提供帮助，信息的正确与否还要由读者自己来决定（Kickham-Samy 2010）。

（5）询问以确定读者是否需要更多的帮助。结束会话时，邀请读者有问题需要帮助时随时再来咨询

一声简单的"还有问题吗"为读者继续咨询、馆员进一步帮助提供了机会，尽管这一点并不适合于所有的情况。

参考咨询会话曾一度被认为局限于参考咨询台面对面的或是电话上的交流。而进一步的研究表明，经过改造，类似行为可以在虚拟模式中进行，如即时通信、聊天工具、脸书、推特和电子邮件等。研究也表明必须强调和读者通过明确的沟通方法建立连接，如使用表情符号和回复说明没有及时回复的原因、要考虑的事正在处理中等（Kickham-Samy 2010；Radford 2006）。

大学生使用这些虚拟服务的情况很稳定，但是这一年龄段的图书馆总使用量却在持续下降（De Rosa，et al. 2011）。因此，馆员有必要通过比以往更广泛的渠道提供参考咨询服务，并利用这些渠道推广图书馆的使用。最新研究显示，尽管社区学院图书馆已经具有网络功能，但其中却不包含可以建立联系的许多互动服务，例如博客、用户创建的内容或简易信息聚合（Really Simple Syndication，RSS）订阅（Pampaloni，Bird 2014）。

参考咨询的成功

参考咨询服务是最早接受常规评估的图书馆服务之一，每天、每周和每

年的参考咨询数量都有统计。大学图书馆的这些统计数据曾一度要上报给图书馆统计项目（the Library Statistics Program）[①]（National Center for Educational Statistics n.d.）。本书的第十二章将对评估这一主题进行更详细的讨论。但是，了解参考咨询的计算方法以及成功的原因很重要。根据美国图书馆协会下属的参考咨询和用户服务协会（Reference and User Services Association，RUSA）的规定，真正的参考咨询必须包括对信息资源的使用、评估、推荐或解释。参考咨询和用户服务协会的参考咨询统计中，不包括正式的图书馆教学或者对简单问题（如有关时间、位置或政策内容）的回答（RUSA 2008）。

然而，参考咨询的数量多并不意味着服务的成功。大量文献关注到这样一个经常被引用的事实：图书馆员提供答案的正确率大约只有55%（Hernon，McClure 1987）。这一数字是通过在许多不同环境下对图书馆员进行广泛而不受干扰的测试得出来的。馆员不知道自己正在被测试，提问者已经知道答案，测试的只是答案的信息内容。然而，判断许多问题的绝对正确答案往往并不容易。正相反，这里实际测试到的可能是参考咨询会话中读者与馆员之间互动的质量。正如琼·达兰斯（Joan Durrance）在她关于参考咨询的研究中发现的那样，能够影响读者回访率的最重要的因素有：馆员对问题表现出的兴趣、倾听技巧、使用开放式提问弄清楚读者的问题（1995）。在学生多元化的环境里，与每一位寻求帮助的学生建立对话，这可能是馆员最重要的工作。

信息行为（Information Behavior）

有关信息行为的广泛研究（Case 2002；Fisher，Erdelez 2005）涵盖了信

---

① 图书馆统计项目是由美国教育部下属的美国国家教育统计中心实施的专项统计调查项目，是高等教育数据集成系统（IPEDS）的一部分，为强制性统计调查。原先为每两年实施一次，从2014—2015年度春季开始每年收集一次。我国与此类似的是教育部教育管理信息中心的"高等教育事业基层统计报表"，每年统计一次，没有专门的图书馆统计项目。——译者注

息的寻找、搜索和使用。信息行为可以分为情感、生物和认知三个领域。参考咨询活动可能包含全部三种行为模式。情感问题牵涉信息查询者的情绪，而认知特征主要表现在对主题以及描述主题所使用的语言的理解。生物特征〔包括生理方面（Kuhlthau 2004）和运动感知方面（Nahl，Bilal 2007）〕涉及读者与信息系统物理世界的交互，通常通过完成某些任务（如搜索）的技能来衡量。

　　本章主要集中讨论情感问题。但是必须注意，社区学院的读者和馆员之间缺乏连接的现象也可能源自认知落差。图书馆员具有硕士学位，主要说英语，这也是许多数据库和流行的互联网网站使用的语言。当读者不了解馆员知道什么时，就会出现认知失联，参考咨询会话则变得更为重要。

　　使用图书馆参考咨询服务的人，都是在寻求帮助以解决问题，他们都是单独的个体。尽管听起来有些老生常谈，但没有两个人会问完全一样的问题，即使整个班级为完成同一个作业都在寻找相同的资源，人与系统及资源之间的交互也会是不同的。馆员如果止步于提供了资源，而不去特别关注每一位读者，这样的参考咨询服务固然轻松。然而，进一步了解读者的需求，馆员就可以确定：该读者是否有时间和资源交互，是否能阅读和理解资源的内容，是否有与资源进一步交互的途径。

　　下面这个情景可以用来说明参考咨询互动在社区学院可能遇到的问题。一位读者正在寻找有关西格蒙得·弗洛伊德的"本我"概念的讨论。馆员创建了一个精彩的高质量在线资源指南，可以很好地解释这个概念。馆员开始向读者展示这些网站，随后意识到，这位刚从英语第二语言补习班毕业的学生根本就读不懂网站上的文字。接着，馆员注意到读者每隔几分钟就看一下手表，便问她是否有什么着急的事情，得知她马上要去学校接孩子。然后，馆员试图告诉她如何进入导航网页，但是读者却表示她家根本上不了网。馆员只能和读者协商下次的回访，或者快速打印一些资料供读者带回家去学习。只有这样做，这次的读者—信息互动才能算是成功。

下一个迈进门的读者，带着同样的主题和同样的目的，但呈现在您面前的问题可能没有一个与上一个读者的问题相同。然而，尽管每次会话的个性化程度很高，还是有研究已经确定了可以帮助图书馆员在社区学院里提供高质量参考咨询服务的那些因素。

信息搜索过程（Information Search Process，ISP）

信息搜索过程是一个经过检验的、对于社区学院特别行之有效的信息行为模型。卡萝尔·屈尔陶（Carol Kuhlthau）（2004）在她的《寻找意义》（*Seeking Meaning*）一书中通过许多情景揭示了她称之为不断进步的一系列阶段。的确有评论者指出，屈尔陶的研究主要是由具有社会经济特权的参与者完成的，可能并不适用于所有的学生或工人，社区学院图书馆员的立场更应该是关注平等（Patterson 2009）。但是，屈尔陶的这项开拓性的、高度被引用的研究显示：每位用户都有一个可以通过使用信息资源来帮助其完成的项目。在完成工作的过程中，用户经历的阶段大多是渐进的，但也可能是重复的。每个人经历每个阶段的顺序不尽相同，了解这个过程中的各个阶段有助于馆员确定用户需要帮助的地方，以便他们可以设计提供有效的信息服务。信息搜索过程的阶段包括：

（1）启动（Initiation）

每一项课题都有起始。社区学院的学生需要完成的课题的范围可能包括从找到焊接桥梁的具体说明到发现某个文学人物的相关信息。屈尔陶（2004）写到：当信息查寻者要完成某项特定任务时，信息搜索过程模型最为有用。需要帮助的学生已经拿到了教师布置的必须完成的作业，作业被视为强加的查询，因为如果老师不要求交，学生就不会在那个课题上花时间。肩负着信息素养教育的图书馆员可以使学生先了解作业的要求，但是到了需要参考咨询服务这一步，学生会感到困惑，急切地想要完成作业，可能还要赶在截止日期之前完成。

对于有些社区学院的学生，特别是那些过去学业不优秀或者不太满足入学要求的学生来说，完成课题非常困难。他们没有完成学术课题的经验，可能低估完成作业所需要的时间。启动阶段是馆员在参考咨询之前通过信息素养课介入的时期，第五章将更详细地讨论如何在信息素养教学中指导学生。但这里重要的是，我们要意识到，即便完成了信息素养课，读者仍然可能不知道如何使用图书馆的信息系统。学生应该了解到，在他们不知所措时，参考咨询服务可以为他们提供帮助。

（2）选择（Selection）

图书馆员在学生向布置作业的老师咨询选题的过程中又能如何提供帮助呢？最简便的方法之一是预先为特定班级的学生挑选可能有用的、信息丰富且可靠的资源。这些资源可以列为提纲，也可以包含在一个网站链接里，还可以用LibGuide或Pathfinder的形式呈现。LibGuide是Springshare公司的专利产品。Pathfinder是资源列表一个使用已久的术语，它可以指导用户选择不同级别的信息，从入门资料到一个主题的最新研究。这些预选的资料使学生确信可以找到下一阶段必须完成的任务所需要的资料，从而帮助学生完善课题。

（3）探索（Exploration）

因为大量的信息资源存在于馆藏或因特网的免费资源中，参考咨询服务的实质是帮助学生探索在其课题范围内的、可获得的资源。学生用什么检索词描述课题能获取最好的资源？就主题标题变换、替代检索策略或整合资源而言，信息体系能提供什么帮助？这些问题的答案有助于学生有条不紊地探索资源。如前所述，图书馆员正是能帮助推动这一过程的人。

（4）形成（Formulation）

学生在此阶段已经能够专注于特定的资源以及从那些资源中找到的资料。对于大多数学生而言，淘汰取舍是这个阶段反复最多的部分。一旦确定重点，就可能需要就课题的特定方面找到更多的资源。学生可能去咨询任课教师，教师可能会觉得有增加或淘汰资料的必要。在查寻新资源时，学生可以进一步完善或者完全改变课题。学生应留出足够时间完成这一过程。

（5）收集（Collection）

许多方法可以用来将从信息资源中找到的资料编纂起来。有些学生记笔记，有些直接输入在 Word 文档中，有些使用个人信息管理系统，如 EndNote、Zotero 或者 EasyBib。这些软件可以让学生回过头来将用过的文献整理成参考文献或最后成果。帮助学生学会使用个人信息系统是参考咨询馆员一项相对较新的职责，但这一职责对于下面的展示阶段有重要意义。

（6）展示（Presentation）

以往，学生在展示阶段不会咨询图书馆员。但现在，大学图书馆员已经可以在此阶段的两个方面发挥作用：第一，创建信息共享空间（有时称为知识空间或媒体空间）；第二，教学生使用演示工具软件。虽然这二者都不是图书馆的传统服务内容，但是一些图书馆员已经扮演了为学生提供完成作业所需的软硬件的角色。图书馆员和校园内其他部门（如"写作或辅导中心"）的员工合作，已经成为信息搜索过程中这最后步骤不可或缺的一部分。

在这种各阶段逐步递进的方式中，信息搜索过程看上去是有序的和可预测的，但是当读者来向参考咨询馆员求助时，对于图书馆员来说确定读者此时处于什么阶段是一项困难的任务。他们是在探索阶段，还是已经完成探索阶段进入到了收集阶段？他们是否已经收集到他们认为需要的资料，并且因为信息量不足不能进入到展示步骤而又重新开始？他们是否因为课题和作业不一致而被权威人士（如教授）告知不能继续所选的课题？这些问题和其他问题的答案决定了参考咨询会话的进行方式。

在信息搜索过程的每个阶段，时间、任务、情感因素和行为的各个尺度会变化。信息查寻者在进行的任务中体验这些变化，而每一个变化都会影响可用的时间总量。举例来说，在启动阶段，任务是定义课题和确定展示的形式，是期末论文、口头演讲还是一张海报；在选择阶段，任务是使用计算机找到文献。与此同时，读者的想法和情绪在变化。在选择阶段选择课题带来的充满希望的感觉，可能在收集阶段破碎，因为学生意识到，以他想象的方式讨论该主题的资料非常少。

当信息查寻者通过信息搜索过程的各阶段时，他们会经过屈尔陶（2004）确定为图书馆员可以发挥作用的干预区域或干涉点。如前所述，启动阶段的最佳介入项目是信息素养指导。选择和收集阶段的重点任务是使用数据库选择合适的资料，因此传统的参考咨询会话技巧最能提供有效帮助。在探索和形成阶段，随着信息查寻者穷尽了可用资源，可能会需要更深入的信息咨询。

但是，图书馆员在整个过程中都需要关注读者的感受。一个苦于时间不足和信息资源不够的人，根本听不进图书馆员大谈特谈什么EBSCO学术搜索数据库的工作原理。学术界有关信息查寻者情绪状态的研究有很多（Nahl, Bilal 2007），但只对两个与社区学院学生最为相关的状态——图书馆焦虑和个性——有详细的阐述。

情感域的建模

屈尔陶（2004）指出，在信息搜索过程的每一个阶段，学生都可能会经历影响其完成任务的一些情绪，每个人的具体情况差异很大，但都被统称为图书馆焦虑症。图书馆焦虑症是一种复杂的现象，这是一个被研究人员长期研究的领域。图书馆焦虑是由康斯坦丝·梅隆（Constance Mellon）于1986年首先描述的，它是图书馆文献中最早出现的情绪或用户情感问题之一。当时的图书馆系统正在变得越来越复杂，但自相矛盾的是，那时人们更强调学生自己在信息世界中摸索。图书馆员开始自问，是什么让读者不肯使用图书馆员设计的出色系统。

图书馆焦虑是在某种情景下的一种状况，与更为普遍的焦虑症无关（Onwuegbuzie, Jiao, Bostick 2004）。当学生因某原因——如作业或上述的强加查询——去图书馆的时候，会表现出图书馆焦虑。在一项涵盖各级学术机构的学生的综合研究中，博斯蒂克（Bostick）（1992）发现图书馆焦虑是一种可衡量的现象，他创建了一组经过验证的问题，用以识别那些可能患有图书馆焦虑的人。这一组用作衡量的问题已在许多研究中得到进一步的验证（Onwuegbuzie，Jiao，Bostick 2004），却很少被坚持用于实践。

昂韦格布兹（Onwuegbuzie）、焦（Jiao）和博斯蒂克（2004）使用由博斯蒂克（1992）最先开发、然后由昂韦格布兹（1997）加工了的词汇，对图书馆焦虑的维度进行深入的概述。两位研究人员使用不同语言揭示了同一现象的多个方面，因此本章在此处将它们进行合并。下列有关图书馆焦虑如何影响社区学院图书馆参考咨询服务的表现特征将说明这种现象的各个方面。

（1）对图书馆员的人际焦虑或障碍

社区学院图书馆员大多数是白人、中年、女性、中产阶级，有硕士学位。而相比之下，他们服务的学生往往是家中第一代大学生，通常经济地位不高，很可能不是白种人（参见第一章）。这些差异可能是成功提供参考咨询服务的最大障碍之一（Liu 1995；Whitmire 1999）。有趣的是，在身份情况不清楚的虚拟参考咨询中，种族和种族障碍似乎并不是问题（Shachaf，Horowitz 2006）。

（2）感知的图书馆能力或情感障碍

学生对自己能力的感知是导致图书馆焦虑的一个重要原因。昂韦格布兹、焦和博斯蒂克（2004）将图书馆焦虑和其他的学习表现焦虑（如数学和学习技巧）联系起来。在大学和学前班到高中学生中进行的一组有趣的研究表明：学习习惯、个性和信息使用之间存在联系。雅妮卡·海因斯特罗姆（Jannica Heinström）（2010）描述了和信息交互的三种基本类型的学生：广泛扫描型、深度潜水型、快速冲浪型（见表3-1）。

表3-1 搜索者的类型与特征

搜索者类型	动机	方式	情绪
广泛扫描型	好奇	开放、乐意接受	享受
快速冲浪型	什么都可以	准确、快	不在乎
深度潜水型	有志向	准确、透彻	有干劲
非搜索者	畏惧	不搜索	焦虑、躲避

注：摘自 Heinström 2010。

这些行为中有些可能和代际差异有关。例如，要描述所谓的千禧一代（出生于1981年至1999年之间），我们更倾向于用那些描述快速冲浪型的词语（Abels n.d.；Malvasi，Rudowsky，Valencia 2009）。但是，个人特征可以改变这些倾向。海因斯特罗姆（2010）指出，当习惯的反应被积极的经验所替代时，这些特征有可能改变。换句话说，如果参考咨询服务或信息素养课成功介入时，个人可以开始养成新的习惯。

由于学生种类繁多，代际问题是社区学院一个重要的问题。例如，与从高中直接进入社区学院的学生相比，已经离开学校20多年之后返读的学生对图书馆和信息查询有不同的看法。在设计参考咨询服务时需考虑这些差异。图书馆焦虑的属性可归纳如下：

（1）对图书馆舒适度的感知

1992年，博斯蒂克发现图书馆的舒适度主要和建筑物的实体位置及资源的摆放陈设有关。有关图书馆空间的未来已经有广泛的讨论，第八章将进行更多的介绍（见 Stewart 2010；Millson-Martula，Spencer 2010）。此处讨论通过改变空间以减少图书馆焦虑的一些建议。

昂韦格布兹、焦和博斯蒂克（2004）将标识、布局和免费地图列为可以提供帮助的工具。模仿这些工具的技术创新包括使用二维码（Massis 2011）或可下载到手持设备的地图，作者没有讨论，当患图书馆焦虑的读者遇到虚拟空间（如图书馆网站）时，发生类似方位迷失的可能性。然而，关于信息架构的原理以及虚拟参考咨询的研究表明，大多数虚拟参考咨询都涉及图书馆资源在网络空间的使用问题（Ryan，Daugherty，Mauldin 2006）。

（2）对方位或图书馆知识的焦虑

每一个图书馆都是独一无二的。尽管许多学生可能熟悉公共图书馆，但是他们不一定了解学院图书馆及其信息系统。许多人不了解自助服务式图书馆，尤其是那些新移民，他们来自图书馆资料基本闭架、资源匮乏的国家（Liu 1995）。许多社区学院的学生不去使用学院图书馆，而是选择公共图书馆，尽管那里的资源与他们的需求并不匹配。安特尔（Antell）（2004）发现，便利水平、熟悉程度和停车位是导致错误选择图书馆的因素，同样起作用的还有公共图书馆工作人员的友善态度，以及图书馆焦虑，对非传统学生来说尤其如此。社区学院图书馆员应该注意这些教训。

• 机械性焦虑或障碍

由于技术在不断发展，图书馆环境中所需的操作技能也时常处于变化的状态。过去，图书馆员为如何教学生使用缩微资料阅读机而担忧；如今，图书馆员想让学生明白移动设备上的书目应用程序。所有这些都与使用特定技术或执行多步骤任务所需要的生物的、物理的或感知运动的技能有关。当学生对自己的计算机技能评分时，他们的自我评估往往要高出客观测试分数，尤其是在发现信息方面（Gross，Latham 2012）。尽管他们的社交媒体技能，甚至信息搜索技能都很好，但是他们评估信息的能力却不在一个水平线上（Head，Eisenberg 2010）。

• 资源焦虑

焦和昂韦格布兹（1997）率先确定了图书馆焦虑中的资源焦虑。资源焦虑在电子环境中具有特殊的意义，这并不是说资料不在图书馆书架上，而是电子书可能已经被其他读者借了，或者学生的密码过期了，或者图书馆就没有所需要的资料。这给试图在规定时间内完成作业的学生带来了新的压力。许多学生转向最易获取的资料，无论这些资料是否和他们真正的需求相吻合。更糟糕的是，学生也许在类似谷歌图书（Google Books）之类的地方找到了资源，并且以为他们要付费才能使用，却全然不知这个资源在图书馆是免费的。尽管人们可以使用更多的免费资料，但是资源获取的复杂性仍然是一个问题。

介入创新：学习空间和嵌入式图书馆员

屈尔陶在《寻找意义》一书中展示了信息搜索过程可能介入以引导学生取得成功的区域。此外，她假设了馆员可能扮演的角色层次，包括作为深度信息咨询师的角色（2004）。可惜的是，深度信息咨询在图书馆文献中并未被广泛接受，但是其意义在社区学院图书馆工作环境中是显而易见的。表3-2意在总结她的建议，并将其与上一部分中有关图书馆焦虑的内容结合起来。

表3-2　信息搜索过程和介入区域

信息搜索过程区域	图书馆焦虑	介入
启动	人际	信息素养指导
选择	资源和位置	资源列表
探索	情感障碍	虚拟和面对面参考咨询，嵌入式馆员
形成	—	—
收集	图书馆知识	文献管理软件（如EasyBib, Zotero）指导
展示	设备	知识共享空间

注：摘编自Kuhlthau 2004；Onwuegbuzie, Jiao, Bostick 2004。

深层咨询和个别辅导是由专门人员在特定地方进行的，很少被看作是图书馆的职责。但是，社区学院图书馆一直被视为促进终身学习的主要场所（Kalick 1992；Dowell 2006）。社区学院图书馆员是最早意识到印刷品以外的资源也能对学习者有所帮助的高校图书馆员，因此，许多图书馆在1980年代进行了名称的更改，成为学习资源中心。名副其实，学习资源中心收藏了各种格式的电影、视频和音频材料，并且收集了教育软件，重点放在了资料上而不是伴随资料的服务。即使许多文献如今已经数字化了，不再存放于图书馆的物理空间了，学习资源中心的名称还是保留了下来。

随着许多学术机构的创新，社区学院图书馆也相应地再次处于变化之中。学习资源中心的重点现在已经从简单地提供资料转变成通过扩展服务来促进学习。如第二章所述，包括社区学院图书馆在内的行政管理结构千差万别：有的图书馆馆长要向教务院长汇报工作。这些组织结构通常都包含学业支持服务，如写作与口语中心、个别辅导和测试。图书馆空间正在被重新改造为信息共享空间、学习共享空间或知识共享空间。在许多机构中，这些空间容纳着深层咨询、个别指导或写作辅导等服务点。这些都是深层信息咨询和演示咨询交汇的地方。社区学院图书馆员应该准备好全面参与学生的成功。

嵌入式馆员服务是馆员可介入的另一种创新。来自北卡罗来纳州夏洛特的中部皮德蒙特社区学院（Central Piedmont Community College）的珍妮弗·巴兰斯（Jennifer Ballance）和其他图书馆员提出了一项将他们自己嵌入到课堂的独创计划。该学院使用学习管理系统（learning management system，LMS）Blackboard Collaborate进行在线教学，以及面授和在线课程相结合的混合教学。馆员以助教的形式协同教师工作，这一角色使他们能够看到教师布置的作业，了解作业应交的日期，发布辅导视频以及其他资源链接，并且通过发送通知和电子邮件与学生进行互动。尽管嵌入式馆员服务的形式多种多样，并且有关讨论往往与信息素养教学放在一起（Kvenild, Calkins 2011），但是这一服务的设计可以最大限度地减少图书馆焦虑。它可以在参考咨询环境下为个别学生的信息搜索提供支持。

参考咨询台的未来

作为独立服务点的参考咨询台已经受到广泛的争议（Watstein, Bell 2008）。赞成者指出需要一个问题聚焦点，反对者则提倡虚拟或远程服务，例如咨询聊天室、Questionpoint、电子邮件和嵌入式馆员服务。多年来，独立的参考咨询台在社区学院一直是一种奢侈，因为在图书馆的开放时间内，通常只有一名专业图书馆员在场。相反，兼有流通和参考咨询服务的组合台倒是很常见。这样的安排不仅可以节省劳动力，而且可以提供无缝服务。读者借了一本书，紧接着想到一个需要深入回答的问题。同用户连接的方式尽管有很多，但是对于多元化的读者来说，现场面对面的服务仍然是重要的。更重要的是，无论设置什么样的工作台，都应该有一名经过专业培训的参考咨询人员提供服务。

我的故事——参考咨询的一次遭遇

我永远也不会忘记1990年代的一天，在我工作的社区学院，一个年轻小伙子在我和他说话时趴在计算机上睡着了。我的第一反应是愤怒。有时讲起这个故事时，我会谈到感受到的侮辱。但是从我现在的角度来思考，我意识到这是一个深刻的教训。这是一名在社区学院辛苦上学的男性非洲裔美国人，他正寻求我的帮助。他是不是工作了整晚以支付上学的费用？他和一名头发渐灰的中年白人女性交谈是否紧张？他对不得不完成的课程阅读材料是不是感觉有压力？我不知道这些具体情况，永远也不会知道了。现在我把焦虑、个性和多样性作为障碍来考虑，这使我意识到那种情况发生不是因为我，而是因为他自己生活中的压力。如果我那时对这些因素知道得更多一些，我们就可能拥有一次更成功的参考咨询互动。

结束语

参考咨询还在演变之中。对于社区学院图书馆而言，最重要的一点是和读者保持联系。本章讨论了联系的可能障碍，提出了一些应对这些障碍的建议。在提供参考咨询服务时，馆员可以使用许多技术，本章只描述了其中的一部分，第十一章将讨论更多的技术相关问题。

第四章　标准、认证和机构支持

认证是任何高等教育机构的重要标准，因为它是学生完成学业之后获得认可学位的基础。认证是指由任何特定机构授予的学位已由专门的监管组织（通常通过同行评审过程）批准。专业学位还要有专业许可要求的支持，以确保获得此类学位的学生已达到设定行业标准的最低行业标准。

包括社区学院图书馆在内的高校图书馆是这一认证过程的一部分，并且在维护所在学校认可标准、专业相关职业标准，或者当地学术要求等方面，肩负着多重责任。此外，应该认识到，图书馆已成为学院实现其使命的主要支持机制。

美国学院和研究图书馆协会标准

美国学院和研究图书馆协会公布了一套标准，旨在指导大学图书馆支持所在机构的教育任务。这套标准意在使图书馆成为教育过程中的合作伙伴，并提供了一个框架，帮助大学图书馆使用以成效为基础的方法，提高和维持其在评估和持续改进中的领导作用。2011年10月发布的最新修订版本还包括对图书馆在机构效能方面的期望。

高等教育机构中的机构效能被广泛定义为对持续质量改进的承诺，并被认为可以成功地确定和衡量绩效指标。这些绩效指标应该是与机构既定使命和愿景宣言相匹配的目标，从而反映出利益相关方的需求。图书馆使自身的特定目标与学院的绩效目标保持一致，比如学生保留率、通过提供教学支持和促进教学整合提高教师的教学质量、努力支持和影响信息素养项目。

美国学院和研究图书馆协会标准初建于1959年，后来与学院图书馆分部（College Libraries Section，CLS）、社区和初级学院图书馆分部（Community and Junior College Library Section，CJCLS）的标准合并，以反映图书馆可以从中获得的全面框架。这些标准是对图书馆的期望，要求图书馆：

（1）遵循标准中规定的原则；

（2）从学校的任务中选择适当的绩效指标，以遵循并促进机构效能；

（3）增加图书馆特定的绩效指标；

（4）发展以读者为中心、可衡量、具体的、能够反映绩效指标的结果；

（5）对结果进行定性或定量评估，并提供成功的证据；

（6）营造持续改进的环境。

这些标准由原则和绩效指标组成。旁引4-1列举了美国学院和研究图书馆协会的原则，进一步的定义请看美国学院和研究图书馆协会标准网页[①]。

旁引4-1 美国学院和研究图书馆协会的原则

• 机构效能	• 空间
• 职业价值	• 管理/行政
• 教育角色	• 人事
• 发现	• 对外关系
• 馆藏	

经美国学院和研究图书馆协会（ACRL）许可使用。

每项原则都有一套绩效指标，这些指标需要证据来衡量成功。因此，证据很容易从已知来源获得，或者必须在评估过程中收集才能成为数据。在这个更广阔的综合领域的社区学院图书馆员，应该能够制订出相关且合适的绩

---

① http://www.ala.org/acrl/standards/standardslibraries。

效指标。

地区认证机构

南部学院和学校协会（Southern Association of Colleges and Schools，SACS）是美国教育部（United States Department of Education，ED）和高等教育认证委员会（Council for Higher Education Accreditation，CHEA）认可的6个地区认证机构之一。这一协会为美国南部13 000多所从学前教育到大学教育公立和私立的教育机构提供认证。您的地区认证机构可能在另一个地区，但其要求应该与南部学院和学校协会的要求相吻合。

高等教育认证是一种质量保证过程，在该过程中，外部机构对中学后教育机构或项目的服务和运作进行评估，以确定其是否符合适用的标准。如果符合标准，则机构会授予认可的身份。这里采用南部学院和学校协会作为机构认证标准的示例，因为其他地区情况类似。

南部学院和学校协会每10年对学校进行一次全面认证，图书馆在其中扮演重要角色。南部学院和学校协会的标准包括核心要求和综合标准，其中特别与图书馆有关的项目如下：

核心要求

核心要求是机构要获得南部学院和学校协会学院委员会认可所必须满足的基本的、广泛的、基础性的要求。它们是机构寻求委员会初次或再次认证而设定的门槛，反映了委员会对候选机构的基本期望。达到核心要求并不足以保证能够通过认证或再次认证。被认证机构还必须证明其符合《认证原则：质量提升基础》（*The Principles of Accreditation: Foundations for Quality Enhancement*）（Southern Association of Colleges and Schools 2012）手册中的综合标准、联邦原则要求以及委员会的政策。

影响图书馆的核心要求是条款2.9："该机构通过所有权、正式安排或协议，提供和支持学生和教职员工的访问权限和用户特权，保证提供足够的图书馆馆藏和服务以及与机构颁发学位一致的其他学习/信息资源。馆藏、资源和服务足以支持其所有的教育、研究和公共服务项目（学习资源和服务）。"

综合标准

综合标准在下列四个方面提出要求：①机构的任务、管理和效能；②专业设置；③资源；④机构对学院委员会政策的责任。综合标准更针对教育机构的运行，代表了高等教育的良好做法，确定了对所有成员机构成就水平的预期。

涉及图书馆综合标准的是条款3.8：图书馆和其他学习资源中心，它包括以下几个部分的内容：

3.8.1　教育机构提供合适的设施和学习/信息资源，以支持其教学、研究和服务任务（学习/信息资源）。

3.8.2　教育机构确保读者在使用图书馆和其他学习/信息资源时能够得到经常的、及时的指导（图书馆使用指导）。

3.8.3　教育机构配置足够的有资质的员工［即在图书馆和（或）其他学习/信息资源方面具备适当的教育背景或工作经验的］，来完成机构的任务（有资质的员工）。

其他认证活动

学校也可以通过国家、行业和专业认证机构获得认证。这是一种自愿性的、自我监管的非政府标准体系。此过程提供了一个由美国教育部长认可的论坛，在该论坛中，对机构设置的教育项目进行评估，以确保所提供教育和培训的质量。

这方面的一个例子是北卡罗来纳州的社区学院系统，他们的网站①上有一张表，该表包括了适用的国家机构以及北卡罗来纳州许可证管理局（North Carolina Licensing Authorities）批准的机构。

图书馆所在机构可以指导图书馆进一步了解当地的许可机制以及认证机构对图书馆的要求。

霍（Heu）和纳尔逊（Nelson）（2009）的《图书馆对地区认证标准的合规策略：在西部学校和学院协会的社区和专科学院中使用美国学院和研究图书馆协会的高等教育标准》（"A Library Compliance Strategy for Regional Accreditation Standards: Using ACRL Higher Education Standards with Community and Junior Colleges in the Western Association of Schools and Colleges"）的文章中，讨论了他们有关如何对即将进行的认证访问进行评估的观点。他们使用输入、输出和成效度量来凸显教学项目（instructional program）和行政教辅部门（administrative and educational support, AES）之间预期结果的差异。换句话说，他们将学生的成绩评估与教辅部门提供服务和资源的意图及能力进行了比较，并将它们与美国学院和研究图书馆协会标准进行了交叉参考比对。这就提供了一个全面的大纲，可以在认证的背景下系统地检查和分析图书馆的所有运行、服务和成效。

美国社区学院协会

美国社区学院协会代表了近1200所二年制、授予副学士学位的教育机构和1300多万名学生，以及越来越多的国际机构成员。该职业组织②倡导社

---

① http://www.nccommunitycolleges.edu/accreditation。

② http://www.aacc.nche.edu/Pages/default.aspx。

区学院的利益，并关注五个方面的战略行动：

（1）认可和倡导社区学院；

（2）学生入学、学习和成功；

（3）社区学院领导力发展；

（4）经济和劳动力发展；

（5）全球和跨文化教育。

书面立场声明是战略行动的一部分，其目的是突出和支持学院的特定部门。距离现在最近的有关图书馆的立场声明是2005年的《关于学生服务以及图书馆和学习资源中心项目支持分布式学习的立场声明》（*Position Statement on Student Services and Library and Learning Resource Center Program Support for Distributed Learning*），该立场声明涉及了图书馆服务的一些关键问题[①]：

（1）确保兼容学院多元群体，包括能力不等的学生和教职员工以及各种层次和类型的学习者；

（2）满足当今每周7天每天24小时的学习工作环境；

（3）适应校园学生和远程学生不同的技术能力水平；

（4）为机构和远程学生/远程用户，以及远程教育的教职员工提供足够的技术基础设施资金；

（5）培训教职员工和远程学生/远程用户成功访问、使用在线学生支持服务，以及在学生需要时提供帮助；

（6）符合州和地区认证指南中有关远程用户服务的准则，为各种远程用户提供支持服务和资料。

（7）美国社区学院协会的另一个立场声明支持美国学院和研究图书

[①] http://nclr-aacc.org/aacc-position-statement-on-library-and-learning-resource-center-programs/。

馆协会有关信息素养的信息素养目标。该声明名为《美国社区学院协会关于信息素养的立场声明》(*AACC Position Statement on Information Literacy*），它鼓励教师与图书馆或学习资源服务领域合作，确保社区学院学生成为信息素养的终身学习者（AACC 2008）。这些内容与图书馆的价值观和标准重叠。完整的立场声明请见美国社区学院协会网站[①]。

我的故事

认证现场考察可能会令人提心吊胆。我经历的第一次来自南部学院和学校协会的考察是在我刚工作一年的时候。但是，准备现场考察和评审材料的过程具有很重要的教育意义，对了解我的新环境、了解组织的运行方式和取得成功的方式都非常有用。

结束语

认证和标准对于社区学院的成功至关重要，而图书馆在支持这一努力中发挥着重要的作用。图书馆的任何一位成员都应该熟悉认证过程，并且为了学院的利益按照特定的标准工作。此外，每个州或地区应为各类图书馆提供统一的标准以便图书馆在机构内获得支持[②]。

38 您也可以找到当地为社区学院图书馆工作和图书馆员工提供团队支持的其他组织。以北卡罗来纳州为例，北卡罗来纳州有一个全州范围的协会，

---

① http://nclr-aacc.org/on-information-literacy/。

② 美国图书馆协会社区和专科学院分部的网站链接，它提供社区学院图书馆服务和运行方面的信息：http://www.ala.org/acrl/aboutacrl/directoryofleadership/sections/cjcls/cjclswebsite。

其中有一个社区学院分会①；还有专门的社区学院团体，共享有关社区学院的经验和信息②。此外，许多州都有社区学院系统办公室，可以支持单个学院的工作。

---

① http://www.nclaonline.org/community-junior-college。
② http://nccclra.org/main/。

第五章 信息素养

如果社区学院的学生具备了访问和使用图书馆文献的知识和技能，那么社区学院图书馆就是真正的学习资源中心了。教给学生如何使用图书馆的馆藏已经成为所有图书馆的一项日益重要的工作，并且，在通常被称为信息素养的这个题目，已经有了大量的研究资料。本章将讨论该领域中使用的定义和标准，从社区学院的角度审视其理论框架，并且纵览同信息素养相关的其他素养。

信息素养概念的历史

信息素养这一术语用于同时描述期望达到的目标、具备信息素养的人和为实现这一目标而创建的教学项目。尽管起源已不可考，但是"能发现并使用信息来解决问题的人"这一概念比"信息素养"这一术语的历史要悠久得多。一些学者已经将它的起源追溯到了1880年代。当时美国图书馆协会首任主席贾斯廷·温莎（Justin Winsor）和芝加哥公共图书馆首任馆长威廉·弗雷德里克·普尔（William Frederick Poole）等图书馆的先驱们，倡导在群众教育的基础上建立免费图书馆，并向人们，特别是向那些刚移民到美国的人，灌输对自我文化和自我教育的渴望（Kett 1994）。在1940年代，美国学院协会（the Association of American Colleges）的一份报告大力宣传在学院图书馆中使用书籍进行学习。布赖维克（Breivik）（1998）大量引用了这份报告，对课堂讲座之外的新教学方式表现出极大的热情。遗憾的是，尽管路易斯·肖尔斯（Louis Shores）和图书馆/学院运动（the Library/College movement）都曾以不同的方式短暂地拥护过这个倡议，它却似乎迅速地消退了（Grassian，Kaplowitz 2009）。由于早期的社区学院只强调大学前两年的教学，因此它们认为不需要书籍。许多社区学院图书馆只收藏教科书，或者干脆依赖于公共图书馆或高中图书馆（Bock 1984）。

1960年代初期，信息素养教育计划被称为书目指导（Bibliographic Instruction，BI）。K-12（学前班到高中应届毕业班）学校图书馆在这一方面做的努力较之学院和大学图书馆要大得多，然而，全美各地的学术机构中也不乏努力的个例。书目指导运动的领导者之一——印第安纳州厄勒姆学院（Earlham College）的埃文·法伯（Evan Farber），于1974年创建了美国最早的带学分的图书馆指导课程。格雷西恩（Grassian）和卡普洛维茨（Kaplowitz）（2009）指出，厄勒姆学院是一所规模小的教育机构，有足够的图书馆工作人员，可以通过面对面的同步书目指导吸引少量学生。相反，米丽娅姆·达德利（Miriam Dudley）提倡一种基于练习册和讲义的异步方法，这种方法可以在没有图书员的情况下使用，它在大型教育机构中扎下了根（Grassian，Kaplowitz 2009）。这两种方法现在仍然在使用，例如，不同类型的机构提供的学分制课程在增加，也有更多的方便使用的异步资料（例如基于计算机的独立教程或视频介绍）。

随着资源格式从单纯的书籍逐渐向数字化的形式演变，书目（其中bibliographic，来自拉丁语bibilio"书"）变得越来越不合时宜。保罗·泽科斯基（Paul Zurkowski）在为美国国家图书馆和信息科学委员会撰写的白皮书中写到，专业工作人员的目标应该是具备信息素养（1974）。从此，信息素养就成了描述人在所谓的信息时代应该具备的一系列特征的流行说法（Breivik 1998）。

尽管信息素养现在是国际公认的术语，但也有一些其他术语用于描述非常类似的目标。信息流畅度（information fluency）既包含资源的使用，又包含与数字格式资源交互所需要的技能（Committee on Information Technology 1999；Information Fluency n.d.）。非公立学院理事会（Council of Independent Colleges，CIC）已经采用了这一术语，这对社区学院的转校生而言可能有重

40-43

要的意义。另一个常用的短语是信息能力（information competence），它已经用在加州社区学院系统的信息素养计划标准中（Klingberg 2005）。除此之外，还有一些很容易同信息素养相混淆的概念，有关描述请见旁引5-1。

旁引5-1 其他素养

读写素养

读写素养是构建其他素养的基础。由于社区学院的学生是成年人，通常没有入学要求，基本的读写能力可能会成为问题。读写指的不是阅读任何一种语言的能力。在美国它被定义为阅读英语的能力。读写素养是通过全国性的"美国成人素养评估"来衡量的。该测试衡量读写素养的三个不同方面：

文字能力——查寻、理解和使用连续文稿（例如社论和新闻文章）的能力。

文件能力——查寻、理解和使用以不同格式呈现的非连续文本的能力，例如工作申请、工资单、交通时刻表、地图、表格以及药品或食品标签。

数量能力——完成数量任务的能力（即使用印刷资料中的数字，识别和执行单独或序列计算）。例如：平衡支票簿、计算小费、填写订单、计算金额。

计算机素养（技术素养）

计算机素养是使用计算机的能力，包括识别硬件和软件组件及其在执行任务中的作用。计算机素养的有些定义还包括一组特定软件程序，但是有人认为程序应用的问题应该归在数字能力中。

内容素养

内容素养是既使用数字素养，又使用信息素养来专注于特定主题（如财政、健康或特定工作）的能力。

数字素养

数字素养与信息素养的区别在于，它仅关注以数字化格式呈现的信息（University Libraries n.d.）。教育信息技术协会（Educause）的一篇文章给出了最全面的定义，数字素养被描述为发现、阅读和解读数字媒体的技能，以及严格评估、操纵和应用来自各种数字化资源的信息的能力（Jones-Kavalier, Flannigan n.d.）。

信息通信技术（Information Communication Technology，ICT）素养

这个术语在国际上应用更为广泛，并且用于通信学术研究。它包含使用电话、电子邮件、推特、脸书以及 Skype 等计算机介导技术进行良好沟通的能力。

信息能力

虽然这一术语仍然在加州社区学院理事会（California Community College Board of Governors，CCCBOG）颁布的文件中出现，但在许多其他情况下并未出现。欧阳（Auyeung）和豪斯拉斯（Hausrath）在 1998 年为 CCCBOG 所做的报告中引用了"国家信息能力论坛"（the National Forum on Information Competency），但此论坛已不存在。

信息流利程度

信息流利程度在一些网站（Information Fluency n. d.；21cif.com n. d.）上被吹捧，并且被非公立学院理事会在 2012 年的一次研讨会上接受，它似乎成了技术素养、信息素养和数字素养的统称。21 世纪信息流利网站上的定义似乎并未为信息素养的概念添加任何新的内容，只是通过一些问题来诠释信息行为链的各个环节，包括查找什么信息，在哪里能找到信息，采取什么途径获取信息，如何确定信息质量，以及如何不违反道德规范地使用信息（21cif.com n.d.）。

信息素养

1974 年，信息主要被认为是文本信息。泽科斯基（Zurkowski）笔下的"信息"（在"一个有信息素养的人"中）被理解为包括书籍、期刊和参考资料等出版物。现在，信息素养的定义已经扩展到包括数据、信息、视觉材料以及三维物体的数字化呈现。

媒体素养

这个概念在 1974 年《媒体与价值》（*Media and Values*）杂志的一篇开创性文章中进行了讨论，媒体在这里指电视、广播和电影（Center for Media Literacy n.d.）。联合国教科文组织（The United Nations Educational, Scientific and Cultural Organization，UNESCO）长期关注媒体素养的发展，于 1982 年制定了《格伦瓦尔德宣言》（*the Grünwald Declaration*），认识到需要建立政治和教育体系来提升公民对媒体传播的批判性理解（UNESCO n.d.）。

媒体信息素养

联合国教科文组织在2011年举办了一个国际论坛，将媒体和信息素养作为一种综合能力（知识、技能和态度）进行审查，从而扩大了对媒体素养的认识。该论坛讨论了媒体、互联网和其他信息提供者的重要性，以及这些媒体对公众意见、学习和文化的影响（Media and Information Literacy n.d.）。

网络素养

社交网络是这里的重要参数。具有网络素养的人具有使用脸书、领英、推特和其他社交媒体的知识和技能。

技术素养

见计算机素养、数字素养。

过渡素养

关于高中和大学之间的过渡问题，这一领域的工作极力强调地方高中和高等院校之间合作的重要性（Beaudry n.d.）。

跨界素养（Trans Literacy）

这个概念起源于通过数字化信息了解新世界的一种跨学科的尝试（Transliteracies Project n.d.）。它在图书馆界被广泛地应用（Ipri 2012；Jaeger 2011；Thomas，et al. 2007），因为它突破了图书馆的界限，并且集合了我们在这里讨论的所有素养的概念。尽管图书馆在实践中如何兼顾诸多素养尚有待探讨，但是以信息素养为开端仍然是可行的方法。

尽管有许多独立存在的教学计划，尤其是在学校图书馆和媒体中心，但直到1989年美国图书馆协会召集了信息素养总统委员会之后，才开展了广泛的协同努力。该委员会的成员包括学校图书馆员、学术图书馆员和公共图书馆员。委员会的总结报告指出了信息时代的到来，以及信息在培养知情公民和工人方面的中心作用（Presidential Committee 1989）。直到10年后，这些理想才融合为公认的标准。

1998年，美国中小学图书馆员协会（American Association of School Librarians，AASL）成为第一个建立综合标准的组织。该标准为培养信息素养的学生创建了教学计划和预期学习成果。为实现这些目标，迈克尔·艾森伯格（Michael Eisenberg）和罗伯特·伯科威茨（Robert Berkowitz）开发了一个经过全面测试的程序，名为"六步法"（The Big 6），并且有一个即时更新的网站（About Big 6 n.d.）。该过程的六个阶段与信息搜索过程的某些部分相呼应（请参阅第三章），但强调的是一般性的问题解决方法。

美国学院和研究图书馆协会对名为"1987年学术书目教学目标的模式说明"的旧文本进行大幅修订后，在2000年发布了《高等教育信息素养能力标准》（*Information Literacy Competency Standards for Higher Education*）。该标准旨在涵盖高等教育的各个层次。最近，更多针对科学技术、新闻学、心理学和其他学科的标准也已经成文。

社区学院图书馆员的困难，是要确定哪些标准适用于二年级学生（他们将继续大学教育），哪些标准对于其他项目的学生而言更加重要。美国学院和研究图书馆协会有一个社区和专科学院分部，但是迄今为止，还没有针对社区学院的独特需求量身定制的能力标准。

这些标准是图书馆员制定的，是在图书馆将资源用于练习和作业的标准。这些标准在教育机构中的实施仍然是自愿的，但是信息素养的目标已经得到对教育机构变革有较广和较强影响力的组织的认可。地区认证机构，例如南部学院和学校协会和新英格兰学校学院协会（New England Association of Schools and Colleges，NEASC）已经将信息素养目标纳入了他们学院图书馆的标准。许多学院已经根据一些认证机构的要求将信息素养写入他们的质量发展计划（Quality Enhancement Plans，QEP）。最重要的是，2004年，美国国家教育统计中心在每两年一次的大学图书馆调查中增加了有关信息素养的问题。现在，这些问题问的是，信息素养是否是整个机构的目标，正如下面2010年调查问卷中的"是/否"的问题：

您所在的高等教育机构是否发生了下列情况，或者已经做了下列事情：

800.有信息素养或信息素养学生的定义。

801. 将信息素养纳入教育机构的使命。

802. 将信息素养纳入教育机构的战略规划（如果没有，则跳过803和804）。

803. 由教育机构层面的委员会来实施信息素养的战略规划。

804. 战略规划中正式承认图书馆在信息素养教学中的作用。

这些问题表明信息素养在图书馆以外也是重要的，但是社区学院图书馆提供的反馈却并非如此。在笔者实施的一个尚未发表的小型调查中，来自50家社区学院图书馆的答复表明，只有50%的机构在学院层面定义了信息素养学生，只有10%到20%的人将信息素养计划纳入了机构的使命或战略规划。这表明信息素养仍然以图书馆为中心，总体上还没有成为教育机构优先考虑的项目。

教学项目中的注意事项

这些标准提供的表述虽然是重要的一步，但是仍不足以达成培养有信息素养的学生这一目标。一套有效的标准是令人难以捉摸的，因为信息素养取决于环境，这一点已经越来越清楚了。一个人确定信息资源可信度的方式是一个习得的社会规范；对一个社会群体来说可信的资源，对另外一个社会群体就可能是可疑的（Nahl, Bilal 2007）。同样地，一个人在五年级时拥有的信息素养不一定会保留到他二十几岁开始工作的时候。此外，所需要的技能是不断变化的。一位有信息素养的人在某个时刻可能有能力处理一个具体的因特网操作，但当界面或者访问的方式改变时，这种操作能力可能会减弱甚至消失。例如，习惯使用雅虎搜索引擎的人可能在使用谷歌时感到不自在，尽管这两个引擎服务都可以完成类似的信息任务。

图书馆和信息科学理论家认为，信息素养是图书馆为了本行业的利益（Budd 2009），在教育机构中人为地建立自己同教学任务的联系的运动

（O'Connor 2009）。尽管存在这种批评，但是信息素养活动已经成为图书馆专业工作中不断增长的一部分（Lynch，Smith 2001；Walter 2008）。然而，如果图书馆要重新定义教学角色，就需要专注于21世纪如何将信息用于学习和工作。

保罗·弗莱雷（Paulo Freire）（2000，1994）率先提出，重新诠释信息素养的目的，需要有批判性的素养定位。该观点质疑了"将一套标准用于所有情况"的做法（Swanson 2004）。特洛伊·斯旺森（Troy Swanson）将他对标准论题的研究放在一所社区学院里进行，他提出了具体的建议，旨在实施一个可以促进整个课程学习的计划。他敦促图书馆员将重点放在信息本身的内容和可信度上，而不是利用信息创造的物质资源，即书本或者百科全书上。他的想法得到了戴维·帕特森（David Patterson）的赞同，后者鼓励图书馆员在设计社区学院信息素养教学时要考虑公平性（2009）。

当我们开始关注信息在所有情境中对所有学生学习的作用时，我们必须以最灵活的方式使用这些标准。克里斯蒂娜·布鲁斯（Christine Bruce）（2008）概述了一系列的框架或透镜，我们可以通过它们来观察信息素养的目标。当我们变换透镜时，信息、内容、指导学习、课程设置、评估以及信息素养本身就会发生变化。每一种观点都有价值，但是如果我们局限于某个特定的观点，我们可能就与某些学生及课程背景脱节了。一个透镜可能适用于一个主要想学美国图书馆专业，但是英语是第二语言（English as a Second Language，ESL）的学生，但不适用于一个毕业于美国高中，打算转到大学攻读学位的学生。接下来的部分将对布鲁斯的著作（2008）进行改写以适合社区学院的环境。其中使用的序号并不反映层次结构，只是为了每一个透镜更容易区分和引用。

透镜1——内容为王

透过这个透镜，图书馆员将信息视为可以传输的商品。教学内容是主要的考虑因素，所有的内容都必须详细说明。图书馆员自视为专家，可以向学生传授一系列查找所需资源的知识。学生将获得他们所拥有的关于图书馆的知识，一旦实现，无论环境如何变化，它都将保持不变。图书馆员可以评估知识的获取，并可以确定已经达到信息素养的目标。

透镜2——能力永恒

一个人如果有足够高的能力水平，就可以搜索和找到信息。所需要的能力比内容和上下文都更为重要。图书馆员教学生如何查找信息，学生就可以执行此任务，而不管需要什么资源以及怎样搜索资源。确定所需要的技能，以此为基础进行教学设计。

透镜3——学习准备

信息对于每个学生都是主观的，因此，每个获取信息的学习者的识别特征会相应变化。使用这一视角要求教学馆员和学生合作，共同决定实现学生目标所需要的内容和课程。由于教学是根据上下文和个人而定的，因此评估信息素养具有挑战性，但可以假设，具有信息素养的学生已经做好了学习的准备。

透镜4——个人因素

信息对学习者有用的时候是可以转化的。内容可以通过场景或案例研究等形式来展示，学习者可以将这些场景和案例研究应用于其他更多的个人实际情况。教员可以激发学生学习的积极性，说明信息素养技能在各种不同场景下的用处。任务报告中集合了找到的信息，因此教学效果通过任务报告来评估最好。对信息素养的定义取决于环境和个人自身的成长。

透镜5——社会影响

信息基于特定的社会或学科规范，内容集中在如何使用信息来改善社会问题上。图书馆员应挑战学生批判地审视自身的信息局限，并鼓励他们着眼于社会的进步。课程和评估都以服务学习的角度进行设计。所谓信息素养，就是要培养知情的社会成员。

透镜6——信息关联学习

关联透镜以客观、主观或转化的方式提供了最广泛的信息视野。教学内容包括对各种信息源进行评论，并审视学生自身对信息价值的看法，图书馆员表明自己对信息的看法，以便学生学习如何评价相关信息并做出决定。所修课程让学生对批评性评价方法产生自我意识。学生思维的转变是评估的重点。熟练掌握这一透镜下的信息素养的学生，能够将信息技能应用到广泛而复杂的情况中。

通过这些透镜来观察社区学院的各类用户群体，对于设计针对每个学生的学习和学业成功的信息素养教学是很有益的。社区学院面临的挑战之一就是向学生表明，他们可以完成他们想要完成的课程计划（AACC 2012）。如果图书馆可以成为这个方程式中的一个因素，那么它就可以持续存在并且确保资金的来源。

我们从不同的视角审视了组成社区学院的每一个读者群体，看到了一个 47 完整的信息素养培养工程。使用美国学院和研究图书馆协会的《教学计划指南》（*Guidelines for Instruction Programs*）只是一个开端，还有其他的文献可以为我们提供帮助。雷盖恩斯（Regains）（2006）写了一本很好的指南书，其中一章的作者是安·罗塞尔（Ann Roselle），这一章专门针对下列学生具体讲述社区学院的信息素养项目：

（1）高校生/转校生（College-bound/transfer students）

社区学院图书馆内的文献主要关注这一群体。美国学院和研究图书馆协会指南推荐《主动学习设计：信息教育课堂策略参考手册》（*Designs for*

Active Learning: A Sourcebook of Classroom Strategies for Information Education）。建议图书馆员与英语、写作和其他教师合作，将作业和信息素养目标紧密联系，并根据不同班级进行调整。

（2）发展中学生（Developmental students）[①]

安·罗塞尔（2009）对发展中学生的实践做了概述，对发展中学生的工作提出了一些想法。

（3）选修社区学院课程的高中学生

这些混合项目在各州的情况因州而异。许多学院尚不清楚这些学生的信息素养教育应该由哪个具体部门来负责。在这种情况下，最好的做法就是与当地的高中图书馆员合作，帮助这些学生提升到更高层次的批判性思维，会使他们接触到真正的大学教育，为他们的工作和下一步的教育做好准备。

（4）英语是第二语言（ESL）或英语语言学习（English Language Learning，ELL）学生

有关国际学生的文章有助于馆员了解如何为这一个多元化的群体构建教学项目（Amsberry 2008）。有些学生在母国已经获得高级学位，他们将取得美国的高级学位。要提高这些学生的能力，确定教学的最佳介入水平非常重要。

（5）行业或职业学生

这里的难点在于，普通的图书馆员很难了解学生的职业技能背景。正如伯德（Bird）等人（2012）指出的，大多数图书馆员没有贸易或工程专业的背景，例如暖气、通风和空调或护理。然而，这些专业确实需要特殊的资源和信息素养指导。了解特定工作需要哪些信息技能的一个捷径，就是查看由美国劳工部提供的职业数据库O*NET。数据库里的每个职业条目都列出了该工作所需要的技能和能力，及该职业的工作人员所进行的活动。路易丝·克卢塞克（Louise Klusek）和杰里·伯恩斯坦（Jerry Bornstein）（2006）将这

---

① 发展中学生:没有为大学学习做好准备的群体,占总学生人数的四分之一

些技能和活动映射到美国学院和研究图书馆协会的金融职业标准中。相同的
手段也被用来对某些职业做了初步的映射（Bird，Williams n.d.）。此外，使
用诸如Wordle之类的文字映射程序来处理职位描述，显示效果一定会很好。
图5-1是和汽车机械师的工作活动有关的Wordle，其中"information"最醒
目，因为这个词在工作活动的描述中用得最多。

图5-1　Wordle文字云

资料来源：来自O*NET对汽车修理工的工作活动的描述。

（6）劳动力发展性学生（workforce development student）

这类学生难以接受正规的培训，因为他们通常上短期课程。然而，他们
或许就是最需要更新信息技能，最需要所学学科领域的专业资源介绍的那群
人。创建一个关注技能而不是资源的自学辅导教程或可随时参与的短期研讨
会，是服务此类人群的一种方式。

信息素养教学与学科内容相结合的最好方法就是馆员与学科教师的合作
（Grassian，Kaplowitz 2009）。设计兼顾主课教学目的和信息素养目标的作业
不仅是可行的，而且具有许多优势。正如信息关联学习透镜所示，最灵活的

信息技能是可以转化的，而且可以陪伴终身（Bruce 2008）。如果向教师解释清楚，资源学习和专业知识学习的目标是相辅相成的，那么图书馆员和主课教师就可以达成双赢。出于许多原因，大多数图书馆员与英语教师有很好的关系，但与其他学科教师的关系却比较差。阻止合作的一些可能的障碍有：

（1）社区学院的教师中有50%是兼职的，兼职教师很少有时间去图书馆、参加会议或与图书馆员见面。

（2）尽管大多数教师都具有硕士学位，但是职业教育专业的教师中具有硕士学位的比例仅为24%。没有高等学历的教师可能不了解信息素养的价值，图书馆员必须要用教师熟悉的话语来解释发展信息技能的重要性。

（3）与系主任合作，是争取广泛支持（甚至获得兼职教师支持）的一个途径。如果系主任坚持在所有的教学大纲中都强调信息素养的作用，那么它就会成为一个对所有教师的硬性要求。

49　（4）教师个人的信息技能可能较差或过时，图书馆员向教师解释培训的重要性有助于提升信息素养教学的价值。

推广和评估

您如何帮助所在学院接受信息素养呢？您必须证明信息素养的作用是帮助学生在课堂学习学业的全套课程学习，以及生活中取得成功。联合国教科文组织和国际图书馆协会联合会（Horton 2008）将信息素养与文化知识水平相结合。当然，许多人不认字，可这并不影响他们活着，没有信息素养也照样可以生存，但问题是，他们能够有所发展吗？

霍顿（2008）针对联合国教科文组织报告中的国际听众，提出了一个最有说服力的理由，那就是，新的教育理论强调学会如何学习和批判性思考，而不是记忆。学会批判性思考是查找和筛选特定主题权威性的信息资源的本质。培养这些技能的教学有许多名称，包括引导式教学（Kuhlthau, Caspari,

Maniotes 2007，2012）、解决问题式教学（Snavely 2004），或者图书馆学研究中常用的资源式教学（Grassian，kaplowitz 2009）。这些教学法所产生的学习效果主要是通过学生在课题报告、文章或长篇论文中的论述表现来评估的。

信息素养固然有好处，可是我们除了间接地评估它对减轻图书馆焦虑的作用以外，还没有特别有效的评估手段来验证它与学生成功之间的关系（Onwuegbuzie，Jiao，Bostick 2004）。信息素养评估可以让馆员确定教学效果，但是设计这样的评估方法却很难，大多数信息素养教学都是通过课前和课后的简短测试来确定学生信息素养能力（如查寻和引用资源）是否有所提高的，这些定量测试在确定学生的课堂参与是否达到了小范围的目标是有用的。然而正如我们所知，信息素养是与情景有关系的。学生是否达到了可以称为信息素养一般的能力水平却是另外一回事情。

美国教育考试服务中心（Education Testing Service，ETS）已经创建了名为iSkills的综合考试，用于测试一般信息素养的一些方面（ETS n.d.）。然而，图书馆员的影响力很有限，他们无法让所有的学生都有测试的机会，尤其是因为测试涉及成本问题。了解任何一所学院信息素养情况的重要性，取决于认证机构，以及信息素养在学院使命中所占的比重。令人遗憾的是，教育机构尚未形成规范，将信息素养列为优先考虑的项目。更多评估方法都是个图书馆自己设计的，它们传播于邮件列表、学术会议以及出版物中。请记住，您应该评估下面三个方面的内容：

（1）对学生学习的影响；

（2）教学质量；

（3）课堂内容的恰当性。

教学形式

如上所述，教学可以是同步的（实时的）、异步的（不是在固定的时间，但是有期限的）或者混合的。对于同步教学，就交互次数而言，大多数信息素养教学，无论是面对面的还是虚拟环境的，都发生在一对一的参考咨询过程中。小组教学主要采取所谓的"一次性"课的形式（Grassian，Kaplowitz 2009），是在学生的其他主课中嵌入的一小段导言而已。这些一次性的教学，有时候就是新生或大一体验课中的一次图书馆参观，而在其他情况下，它完全以信息技巧为主。尽管许多四年制大学已经开设了这样的课程，但是社区学院在这方面的进展还是很缓慢。然而，这种趋势可能正在发生着变化，因为学生完成学业的要求很强烈（AACC 2012），而这些课程正是一种行之有效的机制，可以引导学生扎实于学业，致力于成功。

为了吸引更多的学生，信息素养教学越来越多地采用异步方案。使用屏幕截图程序（例如Camtasia 或 Jing）制作的教程很受欢迎，而且易于制作。具有内置小测验和其他评估工具的计算机游戏式模块蕴含着更深层学习体验的潜力。当学生需要获得学分时，并且需要进行课程之前和之后的测试时，这些功能最为有用。教程与交互式支持（如嵌入"图书馆员"或"馆员问答"程序）的结合，可以使图书馆工作人员处于这项活动的中心。

知识共享空间

知识、数字媒体或学习共享空间不只是一个空间，而是一个概念，它将信息素养置于一个由终身学习者所必需的技巧和能力所构成的复杂的网络中心。通过证明图书馆资源是学生成功的必要条件，图书馆员可以确保将其融入学习过程。熟悉前面"其他素养"旁引中描述的许多相关素养，有助于我们将关于知识共享空间的对话，引向以学习资源为中心的重要服务空间模式。

我的故事——情景信息素养

我非常了解图章式上课存在的问题。经常会有学生同时选修ENG101和ENG102，这两门英语基础课都要求修课学生上一次图书馆的信息辅导课。我们有课前测试和课后测试，由于是书面测试，不能立即打分来确定学生是否需要上完整堂课。因此，有的学生不得不重复两次做同样的题目，他们不理解为什么要这样浪费时间。有的课非常糟糕，让已经上过一次课的学生非常恼火。我现在知道了当初应该请懂行的人帮忙，为那些学生设计一些较短的练习，或者让他们做一些对他们来说更加有意义的事情。但是，当你根据个别情况备课时，往往就无法进行量化评估。我的确有借口没能照顾到那个班的具体情况，我不可能单为一堂课去准备教材，因为我是计算机系统的负责人，管着两个校区，做事要讲求专业。现在已经隔了这么久，我知道了当初应该更多地致力于高质量的信息素养教学，可那时似乎没有任何来自图书馆以外的行政支持，没有教师的支持，我们很容易忽略掉工作中许多最有价值的东西。

51

结束语

找到和使用信息是所有大学本科生都必须掌握的一组重要的技能，高校图书馆员都要懂得如何将这些技能介绍给学生读者，并确定这些读者是否从中受益。本书已经详细地介绍了社区学院图书馆员所拥有的广泛的社区读者群，馆员必须针对他们中的每一个人进行辅导。第六章将讨论成功教学课的设计。

第六章　教学设计

　　无论组织结构如何，社区学院图书馆都要在学院内承担一定的教学任务。2007年，美国图书馆协会制定了《教学馆员和协调馆员的能力标准》（*Standards for Proficiencies for Instruction Librarians and Coordinators*）（部分内容请参见旁引6-1），该标准反映了图书馆教学重要且多样化的特性（ACRL 2008）。图书馆的课最普遍的内容就是有关图书馆资源的使用。图书馆员通过教给学生评估和正确使用信息资源的方法，使他们了解信息素养的基础知识。因此，为了实现学习目的并且支持学院的使命和目标，应该对教学进行精心有目的的准备和设计。

　　教学设计中需要考虑的问题包括如下内容：

　　（1）运用教学技巧和方法；

　　（2）课时和授课内容；

　　（3）可使用的网站或工具；

　　（4）预期听众；

　　（5）一对一教学与小组教学；

　　（6）学生特征类型；

　　（7）教学环境。

旁引6-1 教学馆员和协调馆员的能力标准，©2008 ALA

5.信息素养整合能力

有效的教学馆员：

5.1 解读信息素养在学术圈、读者、教育项目和系部等服务对象中的作用；

5.2 与专任教师合作，将应有的信息素养能力、概念和技能整合到图书馆教学课堂、作业和课程内容中去；

5.3 与专任教师和行政管理人员沟通，和他们共同规划和实施专业课中信息素养能力和概念的逐步整合。

有效的教学协调员：

5.4 了解并确保信息素养标准与机构的教育项目评述、系部的学习目标和/或认证标准保持一致；

5.5 与机构教师培训项目合作，支持现有教师培训；

5.6 鼓励、指导并支持教学馆员，与专任教师及行政管理人员合作，在课程、教育项目、系部和学院各级单位加强对信息素养的重视。

6.教学设计能力

有效的教学馆员：

6.1 与专任教师合作，定义愿景和既定学习结果，将信息素养能力和资源引入图书馆教学；

6.2 排列授课信息内容，用于组织课期、课程、实践活动或其他教学材料；

6.3 创建以学习者为中心的课程内容，并纳入与学习结果直接相关的活动；

6.4 协助学习者评估信息需求，区分信息来源，培养其有效辨识、定位和评估信息来源的能力；

6.5 根据可用的时间和空间调节教学内容；

6.6 教学设计应最大限度满足学生普遍的学习特征，包括现有知识和经历、学习动机、认知能力和学习环境；

6.7 将技术用于教学，以支持体验式和协作式学习，提高学生的接受能力、理解能力和记忆能力。

有效的教学协调员：

6.8 确认馆员培训机会，鼓励和支持馆员提高教学设计和在教学中运用技术的能力。

美国学院和研究图书馆协会（ACRL）准许使用。

有关人类学习、人脑理解和存储信息以及将信息转换为有用动作的过程的文章不胜枚举。出于社区学院图书馆教学课的目的，我们应该做一些基本的假设，其中包括：

（1）学习是一个对话的过程（需要对话），包括个人内心的对话或同他人不同观点的对话；

（2）学习是周期性的，学习结果会影响下一轮的学习经历；

（3）学习是通过个人的眼光和经验进行的，因此，学习成效会因人而异；

（4）学生有自己偏好的学习方法；

（5）学习在上下文中进行；

（6）学习受情绪影响。

以上这些假设会影响教学方法和策略以及所使用的技术或者课程内容的水平。

教学效果咨询师M.戴维·梅里尔（M. David Merril）在几篇论文中对设置学习环境的原理进行了研究（见 Merrill 2002），梅里尔确定了促进学习的如下原则：

（1）学习者在解决实际问题时会更加投入；

（2）激活已有知识是学习新知识的最佳基础；

（3）知识学了就用，如此可以巩固学到的知识；

（4）整合新旧知识能够巩固学到的知识。

为践行这些原则，梅里尔建议了四个阶段的教学设计：激活、展示、应用和整合。每一个阶段都有以组件或模块构建的任务，这些组件或模块提供了具体的学习任务和相应的学习目标。一个信息素养教学的例子会有这几个步骤：如何提供信息，解释如何获取信息，讨论如何进行信息比较或资源评估，或许还有如何正确使用已获得的信息。

梅里尔还倡议采取混合方法来介绍用于教学和学习活动的资料，即将这些资料分别加以确认，但是合并了将两者融合在一起的概念。他的概念和我们讨论中的一些示例如下：

（1）导航

• 学习者需要知道资料和内容的组织和获取方式；

• 学习者应该能够获取并且取舍资源，根据需要自我纠正以理解错误。

（2）动机

• 课堂和课堂活动必须有趣、切题；

• 使用的例子应该真实而且要经过实践；

• 当基础内容不能激发学习兴趣时，学生应该能够跳过这些内容，进到具有挑战性的资料内容；

• 完成整个研究项目比脱离具体环境的行为或例子更能激发学习的积极性；

• 思考和练习的时间会激发动机性的延迟满足感。

（3）合作

56

• 采用小组互动方式能鼓励较高质量的讨论；

• 小组作业应该围绕课程主讲教师计划的有形结果来组织。

（4）互动

• 互动指解决真实世界中的问题或任务；

• 学生应该讨论应用于活动的方法；

• 互动的要素包括情境、挑战、学习活动和反馈。

梅里尔认为他的首要教学原理就像"池子里的鹅卵石"，鹅卵石的落点是要解决的问题，鹅卵石产生的放射状圆圈或涟漪则是教学设计中采用的不同方法。对于时间有限、课堂教学机会有限的社区学院图书馆员来说，投资开发好的基础教学原理是至关重要的。

学生特征

确定所需设计因素的起点是确定学习者或学习群体的身份和特征。要考虑的一般特征是性别、年龄、种族和经历。以一个英语初级班为例，根据该课程的定义可以假定，这个班里的学生在该时间点具有与课程内容或教学要求程度类似的经历或特征。在社区学院的英语初级班，可以对来自高中的核心学术理解水平做出某些假设。在这种情况下，了解您所在教育机构的课程标准，就能帮助您区分出分配到英语初级班的学生和基于高中学历开始较高层次学习的学生之间的差别。

学生来上您的课，也会带着对信息素养和手里的主题作业已有的想法和看法，这又是您了解他们的一个机会。您可以了解您所在社区里的高中毕业生都有哪些期望，他们到目前为止对您要讲的教材内容有多少了解。这包括确定他们当前的知识、技能和能力，以便更进一步确定教学需求。

莫里森（Morrison），罗斯（Ross）和肯普（Kemp）根据学习者之前的学习经历和对类似学习目标的了解，确认了学习者特征的几个分类，它们是：

（1）个人和社会特征，如年龄、成熟度、工作或其他生活经历、动机因素和技术熟练程度。

（2）这里将文化的多元化作为一个因素，以确保对所介绍的信息和资料共同的理解。

57　　（3）必须考虑到残障学习者的需求。大多数社区学院都有残障支持计划，为需要的学生提供帮助。

（4）成人学习者也具有特定的学习特征，需要在教学设计中予以考虑。必须认识到，这个群体与直接来自高中的学生有很大不同，他们现实生活的经验和背景有助于他们对教材的理解，但是他们对大学学习所需要掌握的技术和信息的了解可能很有限。

教学准备中应该考虑所有这些特征，以及其他的特殊因素。有些教学部分，包括作业的具体题目也可能来自主讲教师，这是一个同主讲教师合作设计课程的极好机会。

学习风格

学习风格是图书馆教学中应该考虑的一个重要因素，因为学生有效的学习模式是各种各样的。例如，有些学生是视觉型学习者，这意味他们学习视觉呈现的内容更有效率；有些是动觉型学习者，这意味他们直接动手做练习会学得更好。学习风格对学习的影响可能超出了人们的想象。有关大脑的新研究表明，不同的刺激会激活大脑的不同部分。假如您在有限的时间内没有针对学生的偏好进行教学，那么可能无法传达所有重要的内容。在教学设计中考虑不同的学习风格有助于激活学生的整个大脑，使他们能够全身心地投入学习。

学习风格有许多不同的分类方法，下面是三个基本的学习风格（更多信息见"Learning Style Online.com" 2012）：

（1）视觉型——有一句古老的格言说，"一图胜千言"。这尤其符合视觉型学习者。大脑通过颞叶和顶叶处理视觉信息，它们也管理空间定位。当您要向学生介绍图书馆的行走线路时，使用视觉材料很有必要。

（2）听觉型——对有些学生来说，听到的信息更有效。这尤其适合那些来自没有书面信息文化背景的学生。颞叶处理大脑中的听觉信息。

（3）动觉型——激活学生的小脑和运动皮层有助于让他们在新的环境中应用所学的知识。

除了这三种之外，其他学习风格也时有描述。它们是（见"Institute of Learning Styles Research" 2013）：

（1）交互型（或社交型）——小组活动对喜爱这种风格的学生特别有意义。参与小组活动涉及边缘系统（limbic systems），边缘系统包括大脑的情感中心。对于没有互动的人来说，这些情感联系可能导致小组任务难以完成。

（2）印刷型（或逻辑型）——学生和印刷品互动时，使用大脑的逻辑中心或顶叶。大多数教育是通过印刷品完成的，但是许多社区学院的学生在这种模式下并不成功，使用其他方式来设计教学，成功的可能性会更大。

（3）触觉型——这一模式与动觉型学习有关。绘图或其他动手的活动对这些学习者来说很重要。

（4）嗅觉型——在教育环境中很少考虑到嗅觉，但是它却能给我们留下一些最难忘的记忆。您曾多少次和人谈起过旧书的味道？例如，将饼干的味道与图书馆教学联系起来可能对这类学生有用。

（5）独处型——独自学习的偏好在教学界已不流行，但是有些学生更喜欢可以独自完成的任务。布置一个学生能自己掌握时间独立完成的小作业可以满足这种需求。

戴维·科尔布（David Kolb）（1984）是学习风格理论方面比较有名的一位学者，他讨论了一个四段学习圈理论，在这个循环圈里，学习者要经历全部四个学习阶段。他认为这些阶段是：

（1）具体经历——遇到新的经历或情况，或者对现有经验进行重新诠释；

（2）反思性观察——反思新体验，要特别注意经验与理解之间不一致的地方；

（3）抽象概念化——反思产生新的想法，或是对现有抽象概念的修改；

（4）积极实验——学习者将新想法用于周围世界，观察结果。

在设计图书馆的课程时，无论是一节课还是一系列课，有意识地运用这些学习风格元素能够极大地影响学习效果。

教学目标

教学设计下一个要考虑的是具体课的学习目标，这也是与专任教师合作中非常重要的地方。尽管一些馆员教的是基础指导课，这些课也应该制定学习目标。下面是馆员准备教案时应该考虑的一些问题（Morrison，Ross，Kemp 2004）：

（1）教学的目的是什么？

（2）学习者如何展现他们对材料的理解？

（3）如何测试学习者是否掌握了内容？

（4）教学期望产生哪些具体的内容或表现？

莫里森、罗斯和肯普（2004）还指出了目标的制定在教学设计中的三个重要原因。首先，目标明确了高效学习所需的资源和活动，使教师目的明确，重点清楚；其次，考虑测试功能有助于建立学习的框架以及衡量学习成绩的方式；最后，对学习者的引导作用为确定掌握信息所需要的技能和知识提供了方法。换一种方法来说，学习目标对于图书馆指导课的重要功能是：

（1）设计对口的教材；

（2）制定成绩评估；

（3）提供学习的框架。

这就是应该如何围绕这些功能来组织课堂教学的精髓之处。

为保证指导时间不被浪费且得到有效利用，另一项重要任务是描述这些目标。目标还应包括行为目标，即学生展示其所学的方式、行为动词的使用以及预期的成绩水平。

教学策略

近年来，随着图书馆教学从基本的印刷资源书目向更加动态的形式转变，各式各样的电子资源和教学策略也得到了发展。远程教育课程支持增加了图书馆教学期望的复杂性，也使教学图书馆员采用的策略和方法一并变得更为复杂。策略和方法已不再是万能的，不同学科和专业对图书馆教学的方式有了不同的期望。像个别指导教程这样的资源以及 LibGuides 这样的综合资源门户现在已经根据不同专业的需求量体裁衣了。

教学策略和方法不仅应该针对不同的群体和需求类型个性化定制，还要根据学习风格采用多种传达内容方式来吸引学生。这也意味着，面对任何给定学生群体，馆员都可以用不同的教学方法来应对不同的学习风格。例如，一个关于资源评估的讲座（抽象的）可以包括演示（具体的）、一些练习时间（主动的）以及最后的一篇听讲报告（反思的）。利用视觉影像、媒体剪辑和特邀嘉宾也能激活多个感官。

在制定教学策略或方法的图书馆文献中，有太多关于学习指导、学习风格和教学策略的文章。即使图书馆教学是图书馆员职责的重要组成部分，然而图书馆学专业教育也不可能让馆员完全为教学做好准备。有些馆员生来就是教书的料，可是大多数馆员在职业开始阶段会经历教学上的不足和挫败感。为了满足图书馆教学教育的需要，一些经验丰富的图书馆员写了许多这方面的书。库克（Cook）和西特勒（Sittler）（2008）编辑的《图书馆教师实用教学法：改善学生学习的17种创新策略》（*Practical Pedagogy for Library Instructors: 17 Innovative Strategies to Improve Student Learning*）提供了一种全面的观点。

这本书聚焦于两种哲学取向：直接教学和以学生为中心的学习。他们认为了解这两种方式将有助于教学图书馆员了解学生的学习风格、确定更好的教学方式、达到更好的学习效果。这本书概述了教育学理论，接着讨论了它们与学生学习的关系，并将"直接教学"相对"以学生为中心的学习"的各个方面列表进行了比较，其中包括目的、学习成绩、学生的作用、教师的角色、教学策略和示例，表格后面附有对每一个比较项目的说明。

这本书包括七个图书馆员的教学案例研究，他们使用直接教学法对学生组传授大量信息和复杂的思想。在每一个案例中，直接教学法都是传递信息的最佳方法，这些案例呈现了讲授研究过程的有效途径。例如，其中一个案例使用隐喻来增进学生的理解，另一个运用讲故事的方式来增进学生对复杂概念的理解。最后九章包括了以学生为中心的学习示例，图书馆员不太注重具体知识的传递，而更加关注小组环境中的主动学习。这种技巧使学生将他们自己的经验作为新的信息素养技能的基础。

"图书馆入馆指导交流中心"（Library Orientation Exchange，LOEX）也对图书馆制定教学策略有帮助。这是一个非营利组织自给自足的交流中心，用于图书馆教学和信息素养信息的交流，它向图书馆入馆指导交流中心成员图书馆及其馆员提供关于教学和信息素养全方位的信息。对于那些距离综合性大学很近的社区学院图书馆来说，在资源共享或联合采购方面与综合性大学达成合作或形成联盟是很常见的，这也是在教学策略上进行合作的一个契机，尤其是随着时间的推移，许多学生会先后进入社区学院和综合性大学求学。

远程教育

在教学设计中考虑远程教育课程是当前高等教育发展的重要趋势。事实上，远程教育授课方式变得越来越成熟了，这也使得图书馆比以往任何时候都更加重要。从事远程教育的图书馆员应该认识到，要用与课堂教学不同的方式来考虑远程教学，同时，远程教学需要有不同的能力。

金·E.杜利（Kim E. Dooley）、林德纳（Lindner）和拉里（Larry M. Dooley）（2005）在他们的《远程教育高级原理》（*Advanced Methods in Distance Education*）一书中确定了成功进行远程教育学习所需要的六个核心能力：理解成人学习理论、掌握所需的技术知识、了解如何设计教学、了解虚拟环境中的交流技能、使用平面设计支持学习和行政事务。关键是，实施在线或虚拟图书馆教学时需要不断修改或区分教学设计。技术技能、视觉效果的应用、教师的沟通方式等，都是保证有效教学需要考虑的内容。

教学评估

多年来，唐纳德·柯克帕特里克（Donald Kirkpatrick）的《四层次评鉴》（*Four Levels of Training*）（1998）一直是评估培训项目的行业标准。柯克帕特里克的四个评估层次的概念适用于与图书馆教学有关的活动。作者的评鉴模型的四个层次主要衡量的是：

（1）反应——对培训的想法和感受；

（2）学习——知识或能力的增长；

（3）转换——行为和能力的改进以及应用；

（4）结果——接受培训人员的表现对业务或环境的影响。

在他的图解金字塔上，表示反应的（对培训或学习的想法和感受）是那块最大的数据区域，它的面积相应地缩小，最终的学习评估成为最终的结果或对绩效的影响。对于社区学院的学生而言，图书馆教学对他们总体学业成绩的影响是非常重要的因素，但也是很难衡量的因素。

许多案例研究都认识到了图书馆教学的特殊性，因为在大多数情况下，并没有正式的规定要求学生去掌握这些技能。学生的图书馆学习结果（图书馆的课和信息素养）通常是通过修课作业和代课教师来考核的，其目的是用成绩和排名来激励学生。有一些模式开始实行图书馆"学分制"教学，并且将信息素养结果更多地评估纳入学生的大学学习。

谢里尔·胡克（Sheril Hook）做了一项研究，她评阅了三年的有关文献以确定图书馆教学能否对大学学习产生影响。她在发表在《学院和研究图书馆》（"College & Research Libraries"）（2012）的一篇文章中高兴地总结道：图书馆教学和学生的学习总成绩之间存在着正向关系。定性评估，而不仅仅是数量跟踪（课时量或学生人数），为我们提供了一个更有意义的方法，来确认图书馆是大学经历和教育机构学习目标的一个部分。

我的故事

第一次去南部学院和学校协会时，我意识到我们信息收集工作的重点是定量测量，具体到教学，就是将课时数和上课学生的人数记录下来。我们那时处于南部学院和学校协会的新标准之下，并且立即开始采用不同的方式评估我们教学课程的学习结果，这也导致了课程设计的改变。通过以不同方式重新设计和评估结果，我们获得了教师团队的更多互动和尊重，我们的南部学院和学校协会认证访问也获得了成功。

结束语

62

作为小结和回顾，我们来看一下用于教学设计的ADDIE（分析、设计、发展、执行和评估）模型，因为这是全国各图书馆用于加强和发展图书馆教学服务的通用过程。该模型最初由佛罗里达州立大学开发，可以作为设计和实施教学活动的指南。

ADDIE教学设计模型是教学设计人员和培训开发人员使用的传统过程。它包括五个步骤或阶段：

（1）分析（Analysis）。在分析阶段，通过建立教学目标和目的来识别和分析教学需求或内容，这也包括评估或分析学习环境、学习者已有的知识和技能。

（2）设计（Design）。在设计阶段，制订战略计划，设计内容包括学习目标、评价工具、练习、内容、主题分析、课程计划和媒介选择。该阶段是系统和具体的。在这一阶段，应该就作业和学习结果测试方式的问题征求主课教师的意见。

（3）发展（Development）。在发展阶段，教学设计人员和开发人员设计并确定教材及工具。如果涉及电子学习，则程序设计师编写程序并且/或者引入技术。

（4）执行（Implementation）。在执行阶段，制定教师和学习者的培训程序。教师培训应涵盖课程设置、学习成果、授课方式以及考试环节。

（5）评估（Evaluation）。评估阶段包括两个部分：形成评估和总结评估。ADDIE的每一个阶段都应该有形成评估；总结评估包括针对具体标准和参考项目设计的测试，它也为用户反馈提供机会。

ADDIE为建立有效的培训和绩效支持工具提供了机动灵活的指南，它也为图书馆员在机构内的教学设计提供了绝佳的工具。

第七章　自我管理

第二章讨论了社区学院图书馆员需要执行的广泛的工作任务。由于义务和责任同进存在，管理好时间是成功的图书馆工作人员的重要素质。时间管理可以从多个角度来看，既可以有个人的角度，也可以从图书馆工作人员如何合作以发挥出营运效率的角度出发。临时出现的一些特殊项目、发生的事件或者要求会使工作人员考虑运用项目管理原则。本章将涵盖社区学院图书馆环境下个人工作效率的问题、团队合作的技巧以及项目管理的原则。

下面是一些常见的有关时间管理的错误概念和看法：

（1）"规划时间只会花费更多的时间"；

（2）"时间管理问题意味着没有足够的时间去完成需要做的事"；

（3）"越忙，说明时间利用得越充分"。

事实上，每个人都有同样多的时间，不同的是利用时间的方式，了解如何支配时间是馆员更明智地利用时间的关键。以下是帮助馆员决定如何使用时间的一些选项：

（1）工具

• 时间日志——记录活动时间；

• 时间审核——每15分钟一段；

• 活动计划。

（2）日历

• Lotus Notes/Outlook 电子邮件管理软件——了解应用功能。

• 谷歌日历（Google calendar）——对您有用吗？

- 过度使用日历——多少才算多？

（3）绩效

- 绩效管理计划或审查工具——时间花在哪里了？
- 老板——上级对您的时间了解多少？

网络上有多种时间管理工具，关键是要找到适合您的情况，能客观地评价您在一天或数天内如何利用每一小段时间的工具。如果您如实地完成审核或日志，您可能会发现有些事或活动占据了比您意识到的更多的时间，这包括社交和其他一些与工作没有直接联系，但是对您的一天有影响的活动。这有助于您把握自己的时间是否得到有效利用。有关示例，请参见旁引7-1。

旁引7-1　时间审核示例		
时间审核		
任务/活动	所花时间	相关性？

　　这是记录您如何利用时间的基本工作表。如实评价所有的活动，包含无所事事的时间，合起来就可以反映您每天的时间都去哪儿了。回过头来再看您的时间审核表，您可以自问下列问题：
- 您能发现自己的行为模式吗？
- 您有没有在完成工作前去做其他事的情况？
- 您很容易分心吗？
- 您在工作中有多少次被打扰？
- 您如何避免被打扰？
- 您的行为之间是否有关联？

日历也是时间管理工具，您可以协调时间表和活动，从而安排紧凑的活动日程。一个人有多个日程表，同时又出现在团队其他成员的日程表中，这种情况并不罕见，但是过度使用日历也会影响效率。使用适当数量的日历，比如一个用于工作安排，一个用于社交活动，是有利于提高效率的，但是不能过多，多到您需要花更多的时间管理日历而不是日历中的活动了。同时也要了解日历的特点，以便利用好工具和选项来最优化地使用工具。

个人效率悖论

"悖论"是指与实际相矛盾的情况，"个人"是关于您如何使用时间，而"效率"与制造产品或提供服务相关。"个人效率"被定义为制造产品或提供服务（从事工作）所花的时间，因此个人效率悖论是指貌似该做的事情或者恰当的考虑，却是对个人效率有负面影响的活动。

一个例子就是"凌乱的桌子悖论"。您为了不忘记一件东西而将它放在了桌子上，后来却找不着了；或者如您所愿，每一次看到它您的注意力都会被吸引，所以使您不断地从该做的事情上面分心。将重要的东西放在案头之用心是好的，其结果却造成分心，造成工作空间的凌乱，还让您总要找东西，这就是悖论。旁引7-2为您提供了可能遇到的悖论一览表。

旁引7-2 个人效率悖论

开门悖论——把门敞开以期改善沟通，但倍增了员工错误的沟通，即琐碎的或社交性质的沟通，这对重要的工作造成了干扰和分心。这里"开门"（open door）的意思是"打开门路"（accessible）的意思，而非物理意义上的门。

计划悖论——人们通常因为要花时间计划而放弃计划，没有认识到有效的计划最终会节省时间。

紧急优先处置悖论——只想"救火"（put out fire）的人倾向于应对紧急的而不是重要的事情，由此忽视了长期的优先工作，从而降低了生产率并阻碍了发展。

危机悖论——有些人对危机反应过度，导致事情更糟。

会议悖论——会议等时是对守时者的惩罚，对迟到者的奖励。

长时间悖论——人们劳动时间越长，就越疲惫，认为完成工作所需的时间也就越长。但是，数量不总能胜于质量。

行动与效率悖论——人们总是将效率和效用混淆。人们更关注正确地做工作而不是做正确的工作。无论一项工作完成得多么有效率，如果这是一项错误的工作，就将毫无用途。

做事正确悖论——第一次做一件事情，人们总是没有把它做正确的时间，但却总有把它重新做一遍的时间。

占用时间

个人效率需要关注的另一个领域是控制或消除时间的占用或浪费。莉莎·彼得森（Lisa Peterson 1997）在她的文章《图书馆专业人员的时间管理》（"Time Management for Library Professionals"）中指出了各种图书馆环境下最主要的时间浪费现象。其中个人危机、目标不明确、各种会议以及工作贪多等都排名靠前。同悖论一样，要确定解决问题的方法，首先要识别占用时间的原因，这一点至关重要。表7-1列举了一些常见的时间被占用的现象、这些情况发生的可能原因并提出了对应的解决方法。本表只提了一些一般性的建议，可用来识别扰乱您自己时间支配的是何人或何事，以及如何去提升效率和工作满意度。

表7-1　时间占用

占用时间的人/事	可能的原因	解决的办法
阅读	信息量过剩	有选择性地阅读；学习速读
太多细节	需要放权	学习和重视授权原则及益处
	没有优先重点	确定并专注目标
来访打扰	喜欢交际	另择地点；安排在午餐或下班时间
	难以开口说"不"	筛选访客，完成重要工作时不会晤
犹豫不决	对事实缺乏信心	改进事实调查和信息确认过程
	怕出错	学会将错误当作学习的机会
	缺乏合理的决策过程	获取事实、设定目标、研究替代方案，实施
会议	过度沟通	只在需要时碰头
	领导能力差	使用议程；紧扣主题；会后整理会议记录
危机管理	不切实际的时间预期	留出更多解决问题或处理突发事件的时间
缺乏计划	看不到计划的益处	要认识到计划是为以后赢得时间和效率的投资
	行动型的风格	重视结果，而不是努力工作或快速行动
过度承诺	兴趣广泛	学会专注和说"不"
	轻重缓急关系混乱	请示上级，确认优先主次排列
仓促	对细节缺乏耐心	节奏放慢；力图正确；避免返工，节省时间
	回应紧急情况	辨明紧急和重要的区别
	太短的时间做太多的事	不要贪多；更多权力下放

　　本书之所以有这一章，是因为社区学院图书馆的特性导致了图书馆员和工作人员面临时间的挑战。社区学院图书馆一个典型的工作日，通常被大量来自各方面的需求所占据。懂得自我管理，知道如何支配时间，努力改善悖论以及时间占用状况，是取得成功和获得成就感的关键。另外，还有一些保持有条不紊、调度自如的小妙招。例如，合理使用桌面，将信件按轻重缓急程度分放于A、B、C区，以便相应处理，这样就能优先处理A区信件……

　　关于文件和信件（永远不会自己处理完毕）还要注意的一点就是：一次性处理。浏览、加注、采取行动、发派、丢弃，或立即做，总之要处理，不要留置。管理时间还包括如何将文件分类归档，以便日后查阅。文档应该遵循二八定律规则，或者使用颜色标签分类方法，或者记下文件失效日期。另外，纸质文件和电子文件要使用相同的文件名，以便于检索。

　　自我管理的另一个技巧是学会确定每天活动的轻重缓急，同时也要考虑到意外情况或活动的出现。例如，将事情按轻重缓急列成"今日需做"一表，包括一般的日常工作和活动。列出与其他活动有关的事情，同时也要了解领导"今日需做"的内容。既然知道每天都会有意外情况发生，就要有所准备，出现意外情况就要调整时间安排，不要让意外事件主宰一天的计划，但也要有重大改变的准备。其他需要考虑的有：

　　（1）创造性地发现并引入不同的工作方式；

　　（2）管理电子邮件和电话，不要被它们所左右；

　　（3）挑战自己对请求不加慎重考虑便应允的倾向，要开始询问和探寻请求所包含的内容——了解对方真实的期望和需求；

　　（4）仔细思考现在的时间支配状况；

　　（5）挑战所有可能造成时间和精力浪费的事，尤其是常规性的任务、会议，以及那些自上而下传袭下来的工作汇报；

　　（6）不要成为毫无意义的程序和体制的奴隶；

　　（7）日常活动安排中，应该有为长期项目而做准备和创意思考的时间，从而将繁重的任务分压；

（8）重新调整他人对您空余时间的期望以及占用您的时间的要求；

（9）保持整洁的工作台以及井然有序的制度。

在讨论优先事项时，可以参考斯蒂芬·科维（Stephen Covey）的时间管理模型（Time Management Matrix），他用这个模型将活动分成了重要的和紧急的事情（1999）。这对图书馆内部良好的时间管理，尤其是与团队行动有关的时间管理，十分关键。图书馆工作人员应该清楚地了解什么是重要的事，什么是紧急的事，并且能够分辨两者的区别。在《紧要事首先办》（*Put First Things First*）一书中，科维建议对有重要性和紧迫性的事情采取如下行动：

（1）重要 / 紧迫——现在做；

（2）重要 / 不紧迫——计划做；

（3）不重要 / 显得紧迫——驳回；

（4）不重要 / 不紧迫——抵制并终止。

68　　　在不断变化的、以行动为主导的环境中，这可能是一个很好的经验法则，有助于人人保持专注，遵守共同准则。

项目管理

许多社区学院图书馆员面临着在图书馆运行相关的日常业务范围之外的项目，包括建筑改造或装修、设备或系统更改、机构与其他系部共享活动项目，或者一些偶尔发生的项目，如资格认证或专业审查。为此，本章中的项目管理内容就很重要，因为这里的相关技能与日常业务管理技能是不同的。

根据项目管理协会（Project Management Institute，PMI）的定义，项目是创建特定结果、独特产品或服务的暂时的活动。这就意味着它有一个明确的开端和结束，有具体的目标和任务。这并不是说项目就一定是像建筑改造或认证考察这样高层次的活动，它也可能是图书馆为了在某个方面的发展而自发的活动。例如，为了腾出空间来摆放更新、内容更相关的书籍和资料而将不需要的书籍资料去除的项目。

因此，项目管理就是为实现目标而对与项目活动相关的知识、技能和技巧的应用，包括工具和资源的使用，而且为了取得成功，应该对所有这一切都进行针对性的指导。项目管理的核心活动包括：

（1）确认要求，通常包括项目范围、时间计划和成本预算；

（2）设立清晰现实的目标；

（3）平衡质量、范围、时间和成本需求，因为这些都会竞相吸引注意力；

（4）确认并适应利益各方的关注和期望。

总之，沟通很重要，它可以避免陷阱和延误，并且解决由项目进展而引起的不满纠纷，与各方沟通事情的进展情况和细节是关键。下面有关项目管理的技巧改编自《项目管理知识体系指南》（*A Guide to the Project Management Body of Knowledge*）（PMI 2004），以便能够应用于社区学院图书馆的具体环境。

活动计划是确保目标实现的基干。许多不同的书可以提供帮助（参见Kemp 2005），最重要的建议是要正确选择项目。您必须选择性价比最高的项目，它必须与您所在机构的战略计划相一致，并且为未来发展奠定基础。

第二个要点是在计划书中简明扼要地定义项目的范围。没有清晰的目标容易走偏。计划还应有足够的细节，说明该项目会怎样影响员工和服务。尽可能地使用视觉展现手段，图文并茂有助于集合不同的视角，使人人为项目的成功而做贡献。

挑选那些能够支持并理解任务目标的人组成团队。分解工作计划和任务，以便于确定所需技能，按需匹配人员。人手不足时，要对自己和队员坦诚实情，补充临时工，或者花时间学会自己做。

根据需要聘请专家，专家必须适合您的项目。搬家工人能搬运家具并不意味着他们知道如何搬运图书。每一个项目都是独一无二的，专家可以帮助您做项目设计，使项目一次性正确完成。切记，本校也有可利用资源，往往需要的，只是您的一个要求。

（1）计划和筹备阶段有以下需要考虑的问题：

• 范围。必须明确定义项目范围，包括成本方面的考虑。

• 时间。必须保持公正，使用精确的估算技术。建立收集、跟踪和分析时间支配使用的系统。

• 质量。全程跟踪项目要求和检验以减少差错。主客双方共同参与检验过程，切记终极目标是提高客户满意度，提升组织的价值。

• 风险。在计划中考虑到不确定性，对意外情况做好准备。每周和项目团队一起执行风险管理的假设发生。

• 人力资源。帮助团队的每一个成员提升自我管理和技术专长。

• 采购。获取所需的物资和资源。如果项目涉及所在机构商定的合同，索要副本，以便对期望有清晰的了解。

• 沟通。制订沟通计划并遵照执行，以便在整个项目过程中与所有利益相关方保持联系。

• 整合。不断指导纠正措施。评估所有可能改变项目进度的事件。

（2）按阶段按步骤目标保持项目进度：

• 表彰成绩。树立里程碑，证明自己的成就。

• 每一个里程碑都是对进度的评估。如果项目无法呈现价值，则取消项目。

（3）听取团队意见共同合作，在工作阶段关注范围和质量：

• 教育工作人员保持注意力集中，按计划完成工作；确保重要事件的交付；应对项目风险；掌握项目的变化。

• 注重范围和质量。完成所有工作，正确完成每一项工作。

（4）全程坚持做到以下几点直至成功：

• 充分肯定项目的完成和收益，并与所有相关人员分享好处。把每一次成功和每一个错误都当作是学习和进步的机会。

• 整理项目以往信息和经验教训，以方便将来把项目做得更好。 70

管理会议

前面提到，开会可能是造成一个人时间浪费的最大原因之一。事实上，许多文献中都提到会议已经变成了低效和无用的概念，尤其现在技术可以支持交流而无须每个人都要在同一个房间里了。然而，会议确实是有目的的，若能有效利用还是很重要的。良好的会议管理具有四个简单的核心元素：准备、开始、执行和结束（明确跟进行动）。

一个好的会议必须从做好准备开始，这意味着要有明确的目的、详细的议程（明确责任分工及所需资源）。提前发送议程可以让参会者预先做好讨论的准备包括需要的相关信息。应参会人员应该到场，以避免因信息或批准原因而等待。

会议应准时开始，这是对准时到会者的尊重，也是行为和礼节的基本准则。良好的基本规则包括发言时间的限制，参会者不插话评论或使用手机，以及乐于听取他人的意见。

会议应管理有序并有重点，以便会议结果成为某种形式的生产力。会议通常是为了在决策或共享信息议题上达成共识，但这需要深思熟虑的决策、建设性的不同意见以及所有相关人员的参与。为了推动会议的进行，与主题相关的问题或稍后需要提及的问题应写在挂板或擦板上以备后用。

会议的结束同样重要，要确定与会人员都清楚了会议的决定、负责人的分派和要采取的行动。这些都需要在以后得到澄清、回顾和总结，以确保后续行动有合适的人员负责。认可与会者的贡献、祝贺会议的成绩是对会议的积极肯定，是结束会议应有的一部分。

让情绪对您有益

自从丹尼尔·戈尔曼（Daniel Goleman）于 1995 年首次在《情商》（*Emotional Intelligence*）一书中提及情商以来，许多有关情商的书、文章和报告出现了。职场情商已经得到研究并被证明在工作环境中可以有效地产生积极的影响力。情商是一种隐性优势（Cooper 1997），如果管理得当，可以促进信任、忠诚和承诺。通过管理凌驾于理性思考之上的情绪，还可以创造出最佳的生产力收益。最近，情商被定义为恰当调用来自大脑情绪中心的信息，与来自大脑理性中心的信息相平衡（Sterrett 2000）。

由于社区学院图书馆的工作特性，工作人员已经了解了他们大脑中的理性信息中心，这些信息中心可以帮助他们执行所需的服务或找到所需的资源。但是社区学院本质上是充满活力并且是多元的，需要大脑的情绪部分来平衡和支持大脑的理性部分以达到富有成效的工作。具有高情商的社区学院图书馆员具有处理几乎所有事情的能力。

那么什么是情商，又如何管理呢？情商可以被描述为一组与主动性、同情心、建立信任和个人自律有关的技巧和能力，它包括在不同处境下应对压力的能力，因此将其纳入本书的内容是合适的。

情商的基本内容包括了解自己的感受（自我意识）、管理自己的情绪（自我调节）、识别并同情他人的情绪（社交能力），以及让自己的情绪对他人的情绪做出恰当的反应（建立关系）。我们大多数人都是情感动物，沟通则是将这些技巧联系起来的实质体现。

自我意识在许多方面都很重要，但是对情绪的自我意识是获得情绪智力的基础。这意味着在和他人接触的那一刻能感知自己的情绪或感受。这有助于理解不同情境下自己的倾向或可能的反应。为了有效地做到这一点，您必须乐于容忍负面情绪，同时又要自我批评。这本身就是一种提高自我意识的策略：与其回避一种感觉，不如去调动情感、深入情感并且最终克服它

（Bradberry，Greaves 2009）。

　　提高自我意识的另一种策略，尤其是在公共服务环境下，是要了解启动您情绪开关的是什么人或是什么事。通过识别引发情绪反应的特定的人、情景或事件，您可以学会如何有效地管理情绪反应。从别人那里获得反馈也同样重要，这可以拓宽视角，了解您处于某种感受时别人是如何看待您的。自我意识可以使您采取行动和做出明智的决定，从而避免负面互动，有助于建立正面互动。

　　当您意识到了自己的情绪，就有能力知道采取行动或不采取行动可能发生的情况，从而更好地管理或调整自己的情绪。如果感到需要回避或疏远，不采取行动也是有意识的决定。管理情绪还有助于保持灵活性，并将行为引导到积极的互动中。学会情绪自律的策略，包括同没有卷入个人情绪的人谈话，以重新获得观点（Bradberry，Greaves 2009）。要记住"三人行必有我师"，即便是图书馆员，也可以天天学到新的东西。

　　从具有社交意识到具有社交能力是比较困难的。这是在学习读懂和理解他人的情绪，识别他人的情感或心情的变化。之所以做到这一点很难，可能是因为必须感知他人的感受，即使那些感受不同于自己的感觉。这一点在社区学院图书馆中十分关键，因为作为图书馆工作人员，您对自己的环境、可用资源以及技术应用的期望都感到自在和了如指掌。但那些第一次来图书馆的人不会有同样的信心，他们会有不同的情绪，这意味着他们对人和事物的反应同图书馆工作人员的反应是不同的。

　　运用社交意识技能来处理不同于自己的感情和情绪是情商的目标之一。72 相对于非常情绪化的负面交流，这反映了正面的交流。对他人表现出同情可以减少冲突并建立令人满意的关系。建立人际关系技能的另一个策略是：学会尊重各种类型的人，重视和他们的关系，以便向他们学习。

进行对话

戴维·兰克斯（David Lankes）（2011）在他的《新图书馆员地图集》（*The Atlas of New librarianship*）中谈到，作为改善社会的手段，图书馆员需要促进不同人群掌握各种知识。在社区学院图书馆，工作人员当然能够发挥重要作用，将有知识的人和追求知识的人联系起来，并且推动形成更大的社区。为了这个目的，图书馆员和工作人员必须同所有图书馆的利益相关者进行对话，并且以良好的态度和成熟的业务去满足各个领域的需求。随着社区学院、学院图书馆和社区读者的不断发展，如何进行对话就成了一项需要掌握的重要技能。

现有许多出版物试图识别或指导困难情况下的沟通技能。对话在利益攸关、对解决方案或结果有意见分歧、情绪高涨的情况下是至关重要的。情商技能对进行对话的方式有重大的影响，可以决定对话的效果。

例如，一开始就要有自我意识，就是要认识到自己的动机，以及这些动机会如何影响讨论。这意味着您必须明确从交流中想得到或需要的东西，以此决定如何诚实地面对对方。无论您是做什么——讨论表现或是行为问题、争取资助、推荐某个资源、指导一个步骤，您都要关注期望的结果，并且知道最终应该出现的结果。

自我调节对话方式有助于传达观点，表达立场。令人信服的论点要有事实，要准确。回应不同观点之前，要乐于倾听、观察、注意对方的情绪反应。最后，进行对话时，如果对话方感到受到威胁，要让他们有安全感。将对方逼近墙角不但不利于友善地实现目标，还会造成感情伤害，留待将来弥补。使用情绪智力技能进行卓有成效和令人满意的对话是维持真诚和可信度的一项重要技能。

学会改变

自我管理的一部分就是学会改变，并且帮助他人去改变。当某种事物转变了或转化为其他事物时，就发生了变化。人们通常不喜欢变化，并且总是寻找理由不去改变。

改变也会消耗资源，或者导致资源被重新分配到其他领域。在商业环境中，当销售量下降时，就有必要做出改变。因此就有了一些耳熟能详的商业口号，例如"保留工厂机器，改变机器功能"，或者"留住老客户，销售新商品"。尽管图书馆进行改变的焦点有所不同，但是概念上是相似的。例如"老员工，新职责"，或者"坚持目标和使命，改变规模和进程"。人们的情感需要通过帮助和引导得以疏通，从而促使改变的发生。假如连人都发生了改变，那么一切都会变得更美好。

个人的改变是复杂的，改变的过程有时也是难以忍受的。约翰·菲舍尔（John Fisher）的《个人过渡曲线》（*Personal Transition Curve*）在2012年再次进行了修订，书中提到的个人过渡曲线包括个人在影响变化中可能经历的如下阶段：

（1）焦虑——意识到个人不可控的事件；

（2）幸福——对新事物或不同事物的发生表现出的兴奋；

（3）恐惧——对可能发生的未知改变；

（4）威胁——改变会对自我感知有影响的暗示；

（5）内疚——当隐含的恐惧和威胁从高度的期望中减退时出现；

（6）沮丧——认识到过去的行动或行为不适用于即将发生的变化；

（7）逐渐接受——变化在个人境界中开始变得有意义；

（8）前行——个人可以更好地把控局面；

（9）幻灭——意识到价值观、信念和目标与变化不符；

（10）敌意——面对这些变化和社交失败的影响；

73

（11）拒绝——不接受或不认同对自身的影响；

（12）愤怒——由于强迫改变或缺乏控制；

（13）自满——变化完成并且事情得以合理解决。

这里重要的是要确定情商技能，这些技能可以帮助您作为个体来应对变化，从而影响他人。随着高等教育的不断变化和社区学院机构中更加活跃的变化，可以预期变化将持续发生。

葆拉·旺金（Paula Warnken）（2004）的一篇文章介绍了图书馆的技术管理，其中讨论了变更以及变更如何受到技术等因素的影响。据她的研究以及专家访谈内容，变革的价值和益处都体现在为实现这一目标而付出的努力中。她还确定了对成功至关重要的以下原则：

（1）事物都是相互联系的，因此思考问题要全面，而不要零散。

（2）成功的机构规划没有秘诀。从可以最大限度发挥作用的地方开始，运用成功的领导技巧，并且认识到变化会引起变化，因为机构文化已经开始改变。

（3）设计一个清晰、明确，同时又灵活和有调整修改空间的规划进程。

（4）设计一个有包容性的进程，将其与现有管理结构建立可见联系，增加教师和部门领导的代表人数。

（5）指派有能力、受人尊重、有时间全神贯注于此项任务的人负责进程。

（6）有意识地寄希望于变革可以直接改善教师和员工的生活，从而为变革做好准备。

（7）学习他人的经验，没有必要白费力气做重复工作；通过明确价值观和愿景，利用计划进程来加强社区意识。

（8）整合学术和财物计划，利用定向募集基金支持改变。

（9）在进程的每一个阶段，利用多种渠道，采取多种方针尽可能多地进行交流，以覆盖社区的所有部分。

（10）建立过渡性安全网来预测和减少变革的主要障碍。

（11）在恰当的时候让外部的咨询师参与进来，以打破政治僵局或加强专业知识。

（12）给变化一个机会；对偶然情况持开放心态，要记住，运气好并不可耻。

这些原则自然可以应用于在社区学院图书馆环境中进行变革，并为整个组织机构提供接受变革的框架。

康纳（Connors）和史密斯（Smith）在《改变文化，改变游戏》（*Change the Culture, Change the Game*）一书中主张，当文化本身在强大和清醒的领导者指引下改变的时候，真正的改变就发生了（2011）。各层级的人们都必须负起责任来，以使持久的变化对组织产生最大的影响。对于规模较大的组织来说，约翰·科特（John Kotter）有关进行变革的八个步骤包括：建立紧迫感、形成强有力的领导联盟、设立愿景、传达愿景、授权他人根据愿景行动、规划并获取短期胜利、巩固成绩并产生更多变化、将新方法制度化（1995）。

培养领导力

一个人的自我管理能力越强，就越具备成为领导的能力（即便不在正式职务上，也是在对他人的影响地位上）。前面讨论了情商对自我管理和人际关系管理的重要性，这可以体现在领导能力上。智商和技术技能很重要，但是具备良好的情商，有助于一个人成为更具影响力的领导。在社区学院图书馆这样非常多变和多元的环境中，情商技能至关重要。

丹尼尔·戈尔曼有关情商的著作（1999）从研究各种类型工作的胜任力模型开始。然后，他将情商原理应用于这些能力，以观察哪些能力受情商特征的影响。毋庸置疑，通过正确使用情商技巧，可以提高与这些能力有关的任何能力。同样的原则也适用于第二章中讨论的能力，因为它与社区学院环境有关。

戈尔曼在他的《领导者的成因》(*What Makes a Leader*)一书中继续将领导力特征与情商相匹配。他认为,展现出卓越自我意识技能的人可以反过来影响较大的组织,使其在决策或服务过程中更加具有自我意识。善于自我调节的人会创造一种信任和公平的环境,从而鼓励参与工作或活动的其他人表现良好。

领导者也是很好的激励者,他们的推理和驱动力超出了所涉及工作或任务的范围。动机不必来自主管或经理,任何人都可以通过表现出强烈的乐观态度和渴望取得成果的动机来激励自己。同样,随着我们越来越注重团队合作并依靠他人的才能来实现目标,使用同理心(感知和感觉他人的情感)是一项重要的技能。

最后,建立关系的能力对于展示领导力和帮助组织找到支持系统非常重要。社交技能的发展不仅在于表示友好,更是为了将这些积极的情感融入其他关系中,以建立联系并管理社交环境。戈尔曼认为可以学习情商技能,但必须有目的地加以识别和练习才能有效。

我 的 故 事

作为一名零售经理,我在大部分的职业生涯中,同时也是培训经理。进入社区学院图书馆使我在一个学术环境中,分享着我的经历和经验,我又重新有了培训的经历。这是一种非常有价值的,我至今仍然与人分享的体验。

结 束 语

如果要说生活是什么,那就是管理自己。无论您从事的是什么职业,您能为自己做的最重要的事情之一就是遵循情商原则,意识到自己的情绪和行为。遵循时间管理或项目管理原则不仅能提高您的效率,还可以提高您的自我价值感。

第八章 场所、预算和设施

社区学院图书馆发生的许多事都以图书馆工作人员与图书馆运行过程相融合为目标。美国各地的社区学院及其图书馆的运行模式各不相同，资金支持度根据多种因素而变化，但主要取决于校园和图书馆的运作机制是集中的还是分散的。本章将讨论有关设施、预算、人力资源管理及其他运行的一般性问题。这些问题可以是，也可以不是任何一个具体图书馆的责任，但是图书馆的领导者需要了解这些问题如何影响着图书馆的使命。

图书馆作为一个场所

对于广泛的读者群体而言，社区学院图书馆的意义繁多。例如，图书馆是"信息中心"，或者说是人们不知道去哪儿找答案时的一个去处。社区学院图书馆员共同面对的一个问题就是被问及正常工作范围以外的问题，而且提问的人认为馆员知道所有的答案。对于需要特殊环境激发灵感的学者来说，图书馆是天堂。图书馆或者也是一个收藏对校园或社区有独特意义东西的地方，这可以包括档案和政府文件储存库，甚至是根据地方需要定位的资料储存地。社区学院图书馆同时也是学生聚会的地方，是校园的地标建筑，许多社区学院几乎没有可以小组互动的场所，图书馆便成了一个当然的选择。所以，对于许多有着不同兴趣，不同人口统计学特征的人来说，图书馆意味着许多东西。

在有关设施的决策中，确定读者很重要。例如，本科学生是一个庞大的群体，而他们在人口统计上又可以进而分为刚毕业的高中生和返回学校接受进一步教育的成年人，这两组读者对图书馆的设施和工作人员有着不同的需求和期望。其他读者群包括将图书馆资源用作部分专业课程内容的专任教师，还有社区成员，他们的赋税支持了校园建设，因此也希望使用这里的资源；还有访客、学生家长以及正在考察未来的目标或发展灵感的潜在学生。旁引8-1中列出了读者需求示例：

<table>
<tr><td colspan="2">旁引 8-1　影响社区学院图书馆空间特征的需求</td></tr>
<tr><td>• 计算机技术素养</td><td>• 向同伴学习</td></tr>
<tr><td>• 活跃，一直在线</td><td>• 不封闭</td></tr>
<tr><td>• 非常爱动</td><td>• 希望有挑战</td></tr>
<tr><td>• 交流导向型</td><td>• 寻求即时满足</td></tr>
</table>

图书馆作为一个物理空间，是体现机构的性质和期望的重要组成部分。这个实体建筑的内部是人们对各种活动的期望：促进学习、鼓励成功、渴望知识、激发创造性、提供学术资源和保存社区成果。当然，人们也可能期望在那里举办文化活动和展览，以促进社区发展，激发学术灵感。如前所述，对许多不同的人来说，图书馆的意义有很多。

本科活动构成了图书馆设施内部活动的大部分。本科生刚刚进入高等教育，他们的很多特点对于空间规划很关键。他们活泼好动，生活在网络的世界中，通常数字化素养很高；他们也喜欢交流，不像上一代人那样封闭；他们喜欢接受挑战但又寻求即刻的满足。这些对设施意味着什么？他们需要小组空间以及足够的基础设施装置，如电源插座和无线网络、舒适的座位、食品以及促进合作学习的工具和设备。图书馆可以为了这个群体，将中心位置、新兴技术、传统资源、小组活动空间、计算机、社交空间、读者服务以及教学空间全部合并在一起。

那些重返学校、年纪较大的成年人可能具有不同的特点和对物理空间的需求，他们天性更喜好私密，在开放空间或人多的地方工作会感到不自在，对使用新技术也不自信，因而会寻求不同类型的空间，在里面做自己的事。这些需求可以解读为更安静的空间，个人小单间，或其他房间的多种选择；可以获取传统资源；有可提供帮助的工作人员或咨询服务。其他类型的读者还会有更多的需求，需要在空间管理中加以识别和考虑。

卡米拉·阿莉蕾（Camila Alire）在她的《高校图书馆工作》（*Academic Librarianship*）一书中讨论了大学图书馆空间如何不同于校园其他空间。她以"这很复杂"为开头，列举了必须从不同的视角来考虑图书馆空间的三个核心理由。图书馆空间由工作人员、读者、馆藏和教学空间所组成，将规划和决策基于其中任何一个特点而不考虑其他特点的做法都是不正确的，这是第一个理由。过去的校园管理一直存在着一个问题，它对由多样性的活动以及馆藏和人口增加带来的空间需求没有一个清晰的认识，这就涉及了第二个理由，"磨损和老化"。图书馆承受着来自各方的巨大人流量，但并非总是能得到相应的维护和更新。图书馆作为一个公共空间，为大部分校园读者所共享，在建筑的常规维护方面应该被优先考虑。图书馆空间的维护和更新又和第三个理由"开放时间"有关。无论哪一天，无论较之校园任何建筑大楼，图书馆的开放时间都是最长的，所以就这一点来说，应该引起注意。

因此，图书馆空间应该被认为是社区学院图书馆员呈现给其读者群的服务和资源模式的重要部分，这意味着必须花时间和精力持续评估目前的空间使用情况，而且这些评估必须兼顾读者视角，否则读者会去别的地方。评估可以使用传统的评估工具来完成，其中有一种工具采用的是正式观察的研究方法，结合一些有意义的属性特点，以了解空间的实际利用情况。《我们为什么购买》（*Why We Buy*）（1999）的作者帕科·昂德希尔（Paco Underhill）详细地描述了观察法，以及它在零售和产品空间决策上的影响力。

有形数据分析是了解空间及其使用情况的另一个方法。可以将图书馆的造访人次统计、资料流通统计、人流量趋势、馆际互借申请统计、参考咨询统计，甚至物品和能量等设施消耗的统计数据汇总在一起。这些数据既能体现图书馆物理空间的利用情况，又有助于了解空间需求以及效率。

美国第一手研究集团公司（Primary Research Group Inc.）最近有一份出版物（2012）提供了有关图书馆空间再设计的调查结果，其中包括参与调查的社区学院图书馆的数据。调查的目的是了解图书馆员如何投入空间的再设计，并探讨空间使用的趋势。为了讨论作为场所的图书馆，调查中的空间分类可能对读者有用处：

（1）馆藏空间；

（2）电子工作站空间；

（3）多媒体工作站空间；

（4）视听室；

（5）特殊馆藏空间；

（6）读者座位空间；

（7）员工工作空间；

（8）读者小组活动环境；

（9）封闭式馆藏空间；

（10）礼堂或大型报告厅空间；

（11）博物馆或展览空间；

（12）信息共享空间。

80　　除了上述空间，专门或是租赁给其他学院部门使用的图书馆空间，以及读者在这些空间中的活动和互动，也要考虑进整体空间中去。

这份调查结果中没有出现的情况也很有意思。64%参与调查的社区学院图书馆员表示，过去三年里花在图书馆设施上的经费没有变化，100%的馆员表示没有拨款被用于新建或扩充的图书馆建筑，而此时正是社区学院招生人数上升，图书馆的空间需要增加的时候。

在有目的地设计图书馆空间时，需要考虑的其他因素包括公共空间特点之间的关系，不同空间如何连接以及转换使用，如何平衡不同读者群的需要，如何识别共享空间以及如何营造令人感到尊重的环境。要达成这些目标，靠的是员工对空间目标的支持、清楚明了的标识机制，或者说是利用环境气氛为达到空间目标而提供条件和支持。

图书馆的氛围之所以重要有许多原因。这个概念是这样的：环境会引起人的情绪反应，而环境，如零售环境，是可控的。这不仅为图书馆空间管理奠定了基础，而且在推广图书馆服务和影响读者对图书馆的看法等方面也很重要。乔治斯·A.巴卡米佐斯（Georgios A. Bakamitsos）和乔治·J.西奥姆科斯（George J. Siomkos）在他们的文章《市场营销实践中的情景效应》（"Context Effects in Marketing Practice"）（2004）中讨论了情感状态或者情绪如何影响推销氛围，并描述了如何利用这种情绪去影响态度和行为。

科尔特（Kolter）（2001）将氛围描述为，为产生某种效果的有意识的空间设计；特利（Turley）、富盖特（Fugate）和米利曼（Milliman）（1990）声称，氛围涉及与设施的内部和外部环境相关的可控因素，这些因素可以引起情绪或生理反应。它们可能包括视觉景象、声音和气味之类的因素；读者对温度、噪音和光线强度的感觉；读者个人对内部的家具或颜色以及外观、建筑、设计的喜欢程度。影响氛围的其他例子包括如何设计标识以满足各类读者的需求，或者如何利用展柜来创造视觉刺激。员工对这些项目的了解程度以及支持程度也会使结果不同。旁引8-2中的清单涵盖了氛围的基础知识以及可以考虑的事项。

旁引8-2　氛围清单

基本条件

（1）基本卫生，干净整洁（看细节）

- 垃圾箱清空；

- 无胶带残留，铅笔/钢笔等污迹；

- 窗玻璃干净、门把手干净/锃亮；

- 地面：地毯吸过尘，地扫过，污渍已清除。

81

（2）表面干净无杂物（第一印象）

- 服务台干净整洁；

- 书架、展柜、期刊架等干净整洁；

- 更新的标识牌和海报；

- 最新的、吸引人的导向信息；

被动氛围

设施的静态指标

- 照明、温度、书架和计算机布局；

- 永久标识；

- 通行模式；

- 入口（第一印象）；

- 质地（地毯、瓷砖、金属、木材）。

主动氛围

互动元素

- 阅读、活动、演讲、节目等；

- 展览以及环境的外部效果；

- 利用装饰/摆设，以及图书馆内部工作人员的创造力去制造赏心悦目的效果。

　　本章之所以讨论这个话题，是因为在合适或需要的情况下，图书馆可以寻求低成本方案。为了充分利用空间，图书馆必须目标明确地做出努力。应该评估读者群体的资源需求和习惯，分析现有空间以确定灵活的选择，并分析可能的合作伙伴关系以及共享资源的使用，以期为机构提供支持。读者在不同的情况下会有不同的需求。要提供空间使用的选项，而不要采取一刀切的做法。

　　图书馆作为一个场所在校园中的作用至关重要。图书馆应该在校园的范围内占据领导地位，为学生和教职员工提供一个充满活力的安全场所，使他们可以在这里工作，在研究、学习和思考中实现他们的个人目标。图书馆作为一个机构，也应该是一个为那些不确定该去哪里或同谁联系的人提供指导的地方。这一角色意义重大，因为它与校园的方方面面都有着各种各样的联系。读者及其需求都在不断地变化着，因此要求我们有意识地投入时间和精力，以保持图书馆空间与时俱进，切合实际。

展览和陈列

　　举办活动可以影响图书馆的内部气氛或展现水平。为了给读者提供一些有关活动的详细信息，有必要对展览和陈列进行一些讨论。展览和陈列可能是可用最佳低成本的选项，只要办得吸引人，容易被注意到就可以了。举办展览的原因可以是受委托的、被邀请的或者是图书馆发起的。主题应该能够反映出读者群的兴趣，如旅行收藏、当地艺术家或组织、对教学部门的宣传以及社区信息或纪念内容。

　　玛丽·布朗（Mary Brown）和丽贝卡·鲍尔（Rebecca Power）（2005）对如何有效利用展览，如何处理责任问题，以及如何跟踪借入或借出的物品，提供了很好的资料。他们还提出了图书馆应考虑采取的一些政策，以便与可能想利用图书馆空间举办展览的其他机构在做法上保持一致。他们的展品目录以及政策建议参见旁引8-3。

旁引8-3　目录制作

目录信息

- 展品名称或单元主题
- 参引其他类似主题单元
- 隶属的较大单元

单元信息

- 展品类型
- 标题（选填）
- 分类
- 展品描述
- 单元组成部分
- 参考文献信息（选填）
- 尺寸
- 材料和技术

来源信息

- 捐赠人/日期
- 物主/联系方式/日期/外借品状况
- 书号
- 地点信息
- 外借人/日期（含联系方式和外借品状况）

外借信息

- 外借人/联系方式/（计划）删除日期
- 状况/预期归还日期/实际归还日期

其他注释

展览政策

- 举办展览的目的，或者文字描述展览如何有助于图书馆整体使命的达成；
- 图书馆内可用于展览的空间；
- 展览持续时间或频率；
- 举办展览的责任；
- 展览复议程序（包括展览质询表格）；
- 展览的标准；
- 展览申请和安排程序（包括展览申请表，样本见后）；
- 展览的规则和指南。

摘自:BROWN M E, POWER R. Exhibits in libraries: a practical guide, Jefferson, N.C.:McFarland & Co., 2006.

　　陈列同样是一种室内创作，它通常是用馆藏中的一些东西来讲述一个故事，或者突出一个兴趣。在创建室内陈列时，应该考虑围绕主题的所有问题，如谁、什么、何时、何地和为什么。其他需要考虑的因素包括颜色、平衡或对称、重点和比例。固定装置和设备的使用也是一个重要的组成部分。道具是突出主题的极佳方式，通常价格也合理。

　　近年来的一个趋势，就是在处理专著的时候，保留外层的书套以为后用。出版商通常会为大多数专著提供防尘套来保护图书，而书套还有提供信息的作用。书套可以包含作者生平、出版商概要或与著作主题相得益彰的美术插图。这些有书套的书籍很适合拿来陈列，它们为图书馆馆藏的视觉效果提供了多彩的兴趣点和兴奋点。

　　旁引8-4显示了一个书店模式，在这家店内，书套被用于图书的促销。图书馆可以用这个模式来为馆藏创造出一个令人兴奋的或者戏剧化的感觉。

旁引8-4　书套引言

引自著名的书套设计家奇普·基德（Chip Kidd），"书套赋予书以视觉效果"。

精装书就像奢侈品，可以吸引人对故事的归属感。好的书套艺术有助于在读者与故事之间建立联系。

设　施

　　社区学院校园的设施通常涉及三个不同的方面。设计和施工是指，在校园或扩建校园上面，建造或改建新的空间。这是典型的项目工作，要将地方和州的建筑以及消防法规与学校管理部门的要求、需求及想法都联系起来。这样的项目通常由大型设施运营机构中的一个部门负责。项目要经过州和地方购买程序的批准。如果您正在考虑对现有空间进行重大改造的话，可能就会被告知去和学校该部门的人联系。

下一级的设施工作，通常是指现有大楼建筑、地面、景观的维护和维修，以及支持安全环境的基础设施，它由一个部门集中管理。图书馆如果大楼需要维修，设备发生故障，也包括有图书馆工作人员无法完成的重体力活儿，便需要同该部门联系。关键是图书馆要成为学校设施部门的合作伙伴，以便在需要的时候，可以得到应有的关注。

在大多数情况下，物业管理也由设施管理部门管辖，但他们只负责解决校园的清洁和一般性的维护问题，通常会有明确的职责清单。这些职责看似有限，但已与行政部门协商，考虑了预期成本和预算问题——无论物业是内部服务还是外包服务。再强调一下，这里的关键是了解合同的内容，并明确对服务的预期。

图书馆工作人员需要做好准备，自己解决校级设施部门不包管的任何设施问题。这可能包括晚上或周末的清洁服务、图书馆专用设备的维护，或与特殊活动或外展活动相关的安排。设施支持因校而异，因此请务必了解可用资源，以便利用。

预　算

各州社区学院的预算过程，甚至同一州内不同学校的预算过程，都不尽相同。本书的目的是提供一些概念性知识，强调预算的重要性。所有在社区学院图书馆工作的人都应该意识到预算的存在以及预算的目的。预算对于预测收入和支出，计划与成本相关的行为是有必要的。

大多数高校都会有定期的预算基数，同时又有一些其他的资金来源。在大多数情况下，预算是集中控制的，这意味着它们由该机构的财务部门管理，而图书馆则要在该机构制定的指导方针之下运作。图书馆员可能会也可能不会看到诸如工资单，或者由学校直接支付的设备或合同的分摊费用单，这取决于组织结构与预算流程的关系。

图书馆员通常关心的是学校的拨款或配额资金，这些资金通常是州或地方征收的税款。此外，图书馆也有机会寻求赠款基金，如果申请成功，可以将资金用于特定需求，这些资金通常与项目挂钩，并且有时间的限制。最后，有些图书馆会幸运地获得捐款，捐款人通常会规定款项的用途。

社区学院图书馆的大部分预算资金都用在了购买支持教学的文献资料，或者支付资源使用许可证上了。有关这一点，我们会在馆藏建设一章进行详细地讨论。资金使用包括各种各样的情况，例如：

（1）应该首先考虑续订问题，并且根据资料使用统计数据和通货膨胀成本对续订进行审查；

（2）将一部分馆藏建设预算分配到教学部门，根据课程组成内容选择资料；

（3）保留非图书馆资料的借条，这也可以包括馆际互借（ILL）的资料情况。

安　保

安保下面通常有几个小的分类，例如员工和读者的个人安全、大楼的破坏或偷窃安保、天灾和大规模校园事件，如最近的"激进枪杀事件"的安保。几乎任何一所社区学院都将确定校园责任和广泛沟通机制，具体就是安全和灾害的应对准备、事件发生期间的行动和后勤保障问题、事件发生之后的清理或恢复等。所有这些行动都可能包括其他问题，如数据安全和资产保护、流行病爆发等健康问题，甚至可能要考虑校园设施受损时继续提供服务的方式。

由于各社区学院图书馆在人口结构、与学校行政管理的关系、潜在的威胁环境等方面各不相同，所以我们需要对安全和安保问题有一个基本的认识，认识要具体到每一个图书馆环境。首先是要清楚地了解本校机构的办事流程、期望目标，以及在可能出现问题的情况下的应对能力。在此框架下，可以确定具体图书馆要考虑的问题，并酌情与员工、读者以及校方代表沟通。

2010 年 6 月，隶属美国图书馆协会图书馆领导与管理协会（Library Leadership and Management Association，LLAMA）之下的图书馆大楼安全和安保委员会（Safety and Security of Library Buildings）出版了有关图书馆安全的新版指南①，指南提供了对建筑物安全问题的基本看法，可用于评估任何一种具体情况，确定图书馆的安全措施是否满足需求。例如摄像监视系统：如果图书馆有，它是否够用？如果没有，那么是否需要考虑投资安装？

另一本有用的书是米丽娅姆·B. 卡恩（Miriam B. Kahn）的《图书馆安保和安全指南：预防、计划和应对》(*The Library Security and Safety Guide to Prevention, Planning, and Response*)，该书已有修订本，并且有适用于任何特定环境的清单及表格（2008）。该书也涵盖了公共图书馆的情况，包括员工对自己以及读者的安全责任。这部分内容可以应用于社区学院图书馆，尤其是拥有大量社区读者如儿童读者的那些社区图书馆。书中再一次强调，应对灾难最重要的一点就是员工培训，要让他们对安全和安保问题有所准备。应该确保你们学校的行政管理人员已经在进行员工培训，使员工做好应对灾难的准备。

卡恩对馆藏保护也有很好的想法，她将不同种类的馆藏区别对待。社区学院需要确定哪些是不可替代的文献，以便在灾害出现时优先处理，或者至少将有价值的文献拍照或者列表存档，以便日后了解哪些资料有风险。

最后要考虑的是沃伦·格雷厄姆（Warren Graham）（2012）的《黑带图书馆员》(*The Black Belt Librarian*)一书。格雷厄姆专注于维护建筑物安全中人的各个方面，包括读者行为的管理问题。他讨论了员工培训，如何解

---

① http://www.ala.org/llama/sites/ala.org.llama/files/content/publications/LibrarySecurityGuide.pdf。

决问题，如何与干涉第三方如校警和保安等交涉。换句话说，馆员不只是将问题交出去，而是在这种情况下与人打交道。

在社区学院图书馆，学生的行为可能对图书馆的整体气氛和美学有破坏作用，因此不得不考虑。事实上，笔者之一的克伦普顿在2008年就此问题写了《谈噪音》（"Sounding off about Noise"）一文。他讨论了社区学院图书馆普遍存在的噪音问题，并提出了管理建议。

安全和安保必须预先计划、广泛沟通，并在问题出现时做出有效反应的行动。这些活动必须和学校行政管理人员协调合作，并根据每个组织的需要来定制。

我的故事

我的零售工作经历有一部分是在一家连锁书店公司里面卖书。许多与销售有关的原理同样可以用来打造一个令人感到兴奋和有趣的场所，一个宜人的工作氛围。图书馆传统上并没有采用零售商销售图书的某些技巧，但是，在一个虽然没有太多的钱却很清爽的场所，您仍然可以展示给读者一个多彩而有趣的视角。

结束语

保持图书馆的清洁，做好妥善维护，掌控预算开支，管理好可能发生的人力资源问题，这些都很重要。大多数社区学院图书馆都在集中的环境中运行，校园各部门扮演着重要的角色。重要的是将各部门的角色视为合作关系，一起协同工作以促进强有力的、积极的公共认知。

第九章　馆藏建设

1980年代，人们普遍倾向于将社区和技术学院馆藏命名为学习资源中心而不是图书馆。随着名称的改变，图书馆员将馆藏扩展为对学习的支持，表明他们不只是收藏图书，他们还收藏视频和幻灯片以及计算机互动学习软件，这在一定程度上表明了这样一个事实，即学生已经改变了以往的学习方式，需要有印刷品以外的信息资源来满足。在认可这些其他格式的资料方面，综合性大学图书馆要慢得多（Bock 1984）。

社区学院并非从来都拥有馆藏。一直到1960年代，刚起步的社区学院往往是公共教育体系的必然结果，通常依赖于当地的高中图书馆或公共图书馆来满足学生的需求（Bock 1984）。从1960年代到现在，随着社区学院数量的剧增，馆藏增加了，但主要以教材为主。从那时起，馆藏持续增长并多样化，现在还有了特殊资料，如政府文件、学院档案甚至机构资料库。本章将馆藏管理视为一系列广泛的管理活动，包括馆藏建设、馆藏整理、馆藏评估和馆藏维护。

戴维·卡尔（David Carr）在《社区头脑》（"A Community Mind"）（2002）一文中完美地阐述了馆藏的目的。他写到，一个馆员的最高使命是为读者提供一条途径，让读者与他们最深邃的思考相连，超越日常的课程，投入到自由查询和终身学习中去。精心挑选的馆藏能让社区成员在那些收集的故事中发现自己。社区学院通过早已记录在书本、杂志和视频中的内容来反映社区的故事。馆员可以使档案馆藏超越有关本校的创意故事，可以通过机构资料库馆藏来展示教职员工的学术活动，可以收集当地历史为公众读者所用。

卡尔（2002）认为，图书馆员还必须为充满魔力的变革性学习提供公共
场所。如第五章所述，信息素养也与变革性学习有关，因此知识共享空间有
助于读者和资源的互动。没有谁能比社区学院图书馆更有能力去满足这一需
求。本章将说明如何去实现这一目标。

收　集

《高等教育图书馆标准》（*Standards for Libraries in Higher Education*）
（ACRL 2012）中的第5条有关图书馆馆藏，它基本上是说，图书馆应该拥有
能够支持本校使命的文献资料。这个笼统的表述与《社区、专科和技术院校
学习资源标准》（*Standards for Community, Junior, and Technical College
Learning Resource Programs*）形成了鲜明的对比。后一个标准颁布于1990
年，它直接针对社区院校的情况，也有更加具体的说明。《社区、专科和技
术院校学习资源标准》中有关馆藏的第6条标准甚至包括了一张表格，该表
格将学生人数与所需的书籍、期刊出版物、视频或电影等馆藏联系了起来。

尽管如此，这些标准还是为图书馆员的馆藏工作提供了指导性的纲领。
表9-1解释了这些标准，并指出了馆藏工作中受到该标准影响的部分。

表9-1　美国学院和研究图书馆协会馆藏标准及其对社区院校的影响

美国学院和研究图书馆协会标准	馆藏影响
5.1 反映本校教研重点	综合馆藏必须反映学科和多元化读者群的需要
5.2 资料格式：在线和实体获取	电子资源和数字化
5.3 特殊资料	机构资料库、档案
5.4 应有的基础设施	应有的计算机连接、建筑物和装修
5.5 关于学术交流的读者教育	电子教科书运动
5.6 长期获取学术和文化记录	专藏资料

注：经美国学院和研究图书馆协会（ACRL）许可使用

这些新的标准鼓励馆员去了解所在机构的特殊需求，并且建立一个可以满足读者需求的馆藏。有关馆藏的规模，或者资料必用金额，这些标准并未提供相关规定。相反，图书馆员必须运用评估的方法来为学习资源中心提出一个馆藏方案。这种情况对于社区院校来说更加困难，因为在历史更悠久、发展更成熟的大学中，很多人相信馆藏是大学的核心，而在这里，它不是。社区院校图书馆的馆藏有着不同的服务目标。它更专注于更为广泛的主题，主要是为了支持当前课程而构建的，在很大程度上依赖于数量较少的最新资料。

在没有说明性标准作为依据的情况下，学习资源中心必须有明确的政策来描述其馆藏，以及馆藏如何支持机构的使命和目标。清晰的、最新的馆藏管理政策可以提供指导方针，以确保图书馆在学校机构内部取得成功。它可以用于新聘馆员的教育，可以使管理人员熟悉资源中心的目的，可以用于同所有读者的沟通。旁引9-1详细介绍了理想政策的基本组成部分。

旁引9-1 馆藏管理政策

1.概述
- 使命和目标
- 服务社区
- 收藏科目

2.资料主题、格式和水平的详细说明
包括对当前馆藏、可流通资料、期刊目录和主要参考书的描述。应该包括所有格式。

3.馆藏人员及职称
应包括关于合作教师的描述、教师委员会成员的选择及其作用、资料甄选馆员的责任。

4.赠书
赠书接受的范围，明确学科馆员对捐赠资料的决定权。

5.评估

6.保存

7.资料剔除标准和丢弃管理

8.馆藏投诉处理机制

摘自：Evans G E, Saponaro M Z. Developing library information center collections. Westport, CT：Libraries Unlimited, 2005.

馆藏建设始于对使用馆藏的读者群的描述。对于所有高校图书馆而言，读者群包括学校的学生和教职员工。如第一章所提到的，图书馆员应该了解所在机构的统计情况。社区学院图书馆的任务比较分散，因为这类图书馆通常是其所服务社区的一个组成部分。大多数社区学院由地方和县政府、州政府资助，一小部分由联邦政府资助，并与学前班—12年级教育竞争关注度和资金。社区学院图书馆较之当地的公共图书馆馆藏量要大，而且有更多的专业资料使当地社区受益。除此之外，它们通常位于服务欠缺的地区或乡村，为当地社区公众提供服务。这可能会影响图书馆的馆藏决策。事实上，有些社区建立了两用图书馆——既是社区学院图书馆，又是公共图书馆。尽管它们很少将馆藏综合化，但两用图书馆所传达的一个信息就是，社区学院图书馆不只为校园群体提供服务。

馆藏不只是关于某一特定主题的资源。除了馆藏的主题定位，图书馆员还必须针对不同读者群考虑特殊类型的资料。在综合性大学中，教师是馆藏的重要用户群，他们的研究兴趣必须得到满足。通常情况下，社区学院的教师无须从事研究工作，但是他们常常参加更高级学位的课程学习或参与研究团队。学习资源中心可以提供支持服务，并提供既满足教师兴趣又满足课程需要的资料。

图书馆的小说馆藏部分常常被质疑，它的存在被视为英语课程的结果。然而，鉴于许多社区学院的学生尚未充分准备好应对大学的学习，阅读通常是他们提高学习能力的一种方法。有事实证明，参加补习班、速成班和英语语言班的学生，可以通过阅读通俗小说、科幻小说和漫画小说来提高阅读水平（National Endowment for the Arts 2007）。

社区学院图书馆常会收到建议，要收藏英语以外语言的资料，然而，它不应该是不切合实际地添加。我们当然应该购买外语资料来支持学院开设的语言课，但这绝不是为了反映学生的母语。相反，把有限的资金花在英语是第二语言（ESL）或称英语语言学习（ELL）的资料上会更好。这部分书应该简单易懂，但不是儿童读物，而且应该涵盖对成年人重要的主题。与ESL或ELL教师的合作是必要的。

馆藏建设有关确定、甄选和购买文献，这些文献将成为图书馆的一部分。馆藏管理流程通常被称为技术服务，它需要馆员和职员一起，作为团队来完成许多必需的任务。本章这一部分将介绍这些流程，并讨论这些流程的人员配置问题。

确定

无论是书籍、视频读物、有声读物还是期刊，图书馆员在购买之前首先要确定那些资料是存在的。确定资料的最新趋势被称为读者驱动购买（patron-driven acquisition，PDA）或者需求驱动购买（demand-driven acquisition，DDA）。采用这一办法的图书馆员要等待读者先提出要求，然后尽可能快地去购买资料。当然，图书馆员仍然可以预测读者需求，选择购买可供读者在馆内使用的资料，或在线上使用的电子资料。

即时购买和出版

将馆际互借数据用于馆藏建设，这就是最早的，我们现在所谓的，需求驱动购买或读者驱动购买方式。社区学院图书馆员一定要问自己，为什么要将图书馆微薄的经费冒险投在无人问津的资料上呢。读者驱动系统监视图书馆目录的检索情况，并自动提醒您，有人在申请借阅某本书。《学院和研究图书馆》（*College & Research Libraries*）杂志的编辑约瑟夫·布兰宁（Joseph Branin）（2009）写到，数字时代的图书馆不应该购买非流通资料。相反，有人申请的资料文献，可以以最迅速的方法立即去买。甚至更进一步，一些较大的图书馆安装了便利印书机（Espresso Book Machines），可以根据读者要求打印由读者付费的电子书，或者将其存入图书馆并借给读者。无论哪种方法，都只将需要或想要的书收入馆藏。

91

开放获取运动（Open Access Movement）鼓励教师出版自己的教科书，而不是依赖商业出版商。但图书馆购买这些资料的道德性及可行性问题是一个值得思考的话题。

图书馆员要确定即将出版或最新出版的资料，注意与课程主题相关的出版资料以及出版商。例如，如果学院开设焊接课，那就应该指派一个图书馆员去关注美国焊接学会的出版物。销售宣传册、供应商在会议上的展示、图书馆文献中的广告，这些都是确定可发展馆藏资料的重要方法。获知新书出版情况的另一个方法是与出版社的经销商合作，有时他们被称作代理商（jobbers），这些销售人员偶尔会带着与馆员曾经购买的或确认的资料主题相关的书单和宣传册来访。另外，还应该定期征求教师有关资料的推荐意见，但要注意的是，图书馆不追求收藏研究级别的资料。

较大图书馆的馆员通过配书阅购（approval plan）来确定新资料，但是大多数社区学院没有经费可以用来建立这样的机制。配书阅购通常是通过使用某种分类法（例如《美国国会图书馆分类法》）构建的。只要一本新出版的书在特定的书号范围内，图书馆就会收到通知。该书要么自动发送，要么人工批准订单发送。许多社区院校的州际联盟网络已经转向使用这种集中购买系统的购书方式。各个图书馆的馆员应该评估该系统的使用效果，以确保购买正确的资料。电子书同样可以制订类似的计划。书籍可以成批租借，然后，使用率足够高的书，图书馆就可以买进。

甄选

图书馆并不一定要收藏所有资料，应该首先评估文献的质量、对馆藏的适用性和其价值。为了做这样的评估，图书馆员必须阅读书评、查看可比较的馆藏并了解出版社的权威性。

书评可以从图书销售商如亚马逊或巴诺书店的网站上找到，但是要抱着怀疑的态度去阅读这些评论，因为作者也可以使用假名字为自己的书写评论。看到网上声称引用诸如在《书单》(*Booklist*)[1]或者《学校图书馆学报》(*School Library Journal*)中发表的评论时，应该到所提到的刊物中去查明其真实性。扬基图书销售公司(Yankee Book Peddler)/贝克泰勒公司(Baker & Taylor)通过其挑选工具GOBI3提供书评。GOBI3是一个数据库，囊括了它们所有的书评。它们也为社区学院提供一项特别的服务，承诺提供新发布内容的更新。福利特公司(Follett)等其他销售商也有类似的工具。

质量评估的另一个指标是注意其他图书馆是否已经收藏了该资料。一个好办法就是将开设类似课程的学院列成表格，然后查看这些学校图书馆有关该主题的馆藏。联机计算机图书馆中心的worldcat.org是一个查看多个馆藏的很好的工具，您可以在此处创建一个资料愿望清单，然后确定哪些资料应该购买，哪些资料在需要的时候可以借用。

92-93

采购

资料一旦被选好，就要确定资料的格式和购买渠道。格式和渠道的选择并不像看上去那么简单，因为它们其实涉及一系列的决策问题，而这些决策并不似有些资料里写的那样直接明了。

（1）文献格式

您是购买电子书、平装书还是精装书？您是购买DVD还是链接提供视频资源的流媒体服务器？这类选择是一种微妙的权衡过程，其中价格只是考虑的因素之一。另一个主要因素是学生使用技术的可行性：他们是否有在线播放视频或阅读电子资源的设备？电子资源是否采用多种格式？例如，可以从PC和Mac平台访问吗？您所服务的学生年龄组对于资料格式是否有厚此薄彼的倾向，或者您两种格式都需要吗？（有关电子资源的更多信息，请参考旁引9-2。）

---

① 《书单》为美国图书馆协会的出版物，提供各种评论。

旁引9-2　电子资源注意事项

过去，电子馆藏是作为单独的一部分来考虑的。较早的馆藏管理实践介绍中有专门讨论电子资源的部分。现在电子资源必须和其他馆藏决策一起考虑。正如在采购部分所提到的，图书馆员必须要选择格式，电子资源的实际操作与其他格式的馆藏不同，需要同学院的IT部门合作，或者聘用懂技术的系统馆员。电子资源需要考虑的问题包括：

（1）许可证（Licensing）和数字版权管理（Digital Rights Management，DRM）

由于电子内容是可访问的而不是拥有的，所以内容制作商对其拥有版权和控制权。图书馆在和经销商签合同时，要了解许可限制。即使图书馆是对公众开放的，因为许可的限制，图书馆可能也无法向社区成员提供特定资源的使用。DRMs限制了用户对电子内容的使用权。

（2）评估和剔除

电子资源也需要对"使用"进行评估。经销商通常可以提供统计数据，但是图书馆员需要确定什么能够算作"使用"。是简单的访问吗？还是下载量更重要呢？图书馆要和经销商或联盟集团采购的供应商合作制定有效的评估标准。及时取消不需要的软件或资源（Larson n.d.），正如图书会占满书架空间一样，电子资源也会占用读者的认知空间。

（3）代理服务器

为了从校外访问内容，学生和教职员工必须能够使用单点登录获取校园的IP地址，这是通过代理服务器实现的。由于问题层出不穷，图书馆工作人员应该管理此功能，或者充当IT部门和经销商之间的协调员。

（2）购买渠道

下一步是选择购买渠道。是从亚马逊网站购买，或是从扬基图书销售公司/贝克泰勒公司等一般的供应商那里购买，还是直接从出版商那里购买？许多社区学院都是小批量购买者，所以尽管供应商提供折扣，但还是直接从发行商处购买可以降低成本。选择主要供应商的一个重要原因是，在购买时可以获得编目数据。考察购买渠道可能会做出改变格式的选择决定，因此，您必须要能够重新考虑在第一步中做出的决定。

（3）所有权与访问权

自从1990年代全文期刊数据库问世以来，图书馆员就一直在两种选择中权衡：是拥有内容（主要是纸质的）还是提供电子内容的访问权。开放获取运动和诸如机构存储库、谷歌图书以及其他数字化内容的发展，使这一抉择变得愈加复杂和困难。图书馆是否仅拥有免费电子资源就可以了？图书馆是否应该为电子内容付费？图书馆应该拥有多少纸质文献？纸质参考资料馆藏的命运无疑就是现有纸质文献未来走向的样板（Detmering and Sproles 2012；Francis 2012）。随着越来越多的百科全书、索引和其他标准参考资料以电子内容的形式出现，图书馆员们在为他们的参考资料馆藏应该是什么形式的问题而苦恼。最基本的问题是，图书馆是否应该只提供维基百科的访问权限，或者在线《大不列颠百科全书》（*Encyclopedia Britannica*）的访问权限，还是纸质版的《世界百科全书》（*World Book*）？还是三个都选更好？普通馆藏也有相同的问题。

文献访问权限有反复付费的问题，这令小型图书馆难以承受。提供网络资料的访问权需要技术知识的支持，包括配置代理服务器、服务校外用户以及根据用户需要提供技术帮助。

（4）合作协议还是单独购买

电子文献的出现使分摊文献成本变得更加容易。大多数数据库、电子的参考资料和电子书都是通过联盟成员资格购买的。许多州已经建立了全州范围的联盟，向该州的所有机构提供数据库访问权限，例如，北卡罗来纳州的NCLive或康涅狄格州的IConn。联盟优惠定价也可以通过联机计算机图书馆中心网络（例如Lyrasis）获得。任何联盟成员都需要妥协。为了节省资金，联盟常与单个数据库供应商合作，例如EBSCO、Proquest或Gale/Cengage，这可能无法为特定的读者群提供最佳的数据库组合。许多图书馆加入了不止一个联盟，以最大限度地优化馆藏成本。

更深层次上的馆藏共享通常称为合作馆藏发展（Cooperative Collection Development，CCD）。这不仅仅是决定分担像数据库那样昂贵资源的成本，而且还涉及馆藏"集中收藏，大家共享"的联合决策。这样的话，一家图书馆收藏纳米科学文献，另一家图书馆则集中收藏纳米工程资料。这个级别的馆藏共享，必须有配套的其他共享项目，包括可行的共同遵守的外借条例和共享存储设施。

处理

资料从采购到编目再到流通要经过许多处理过程。图书馆集成管理系统（Integrated Library Systems，ILS）曾要求图书馆为本地运行的硬件、软件和系统维护进行投资，要么加盟多机构联合系统。现在小型图书馆可以借着公用的硬件和软件来运行自己的系统。第十一章将对图书馆集成管理系统进行全面的讨论。目前，新到货的非电子资料必须首先在订购系统中记录"收到"，然后将书目系统中的"在订"换为编目记录。最后，该资料上必须加盖图书馆印章以示所有权，书脊上要有索书号，书套必须固定或丢弃。

管　理

资料一旦到了图书馆，管理流程就开始了。馆藏必须首先加以组织，然后加以保存和维护，当其失去使用价值的时候，必须被剔除。

组织

中小学和公共图书馆使用《杜威十进制分类法》（*Dewey Decimal Classification*，DDC）系统组织馆藏，而大学图书馆主要使用《美国国会图书馆分类法》（*Library of Congress*，LOC）。社区学院图书馆应该用什么呢？有些人主张使用《杜威十进制分类法》，因为它使从高中到大学的过渡更加容易；另一些人则指出，《美国国会图书馆分类法》是社区学院的学生进入四年制大学之后将要使用的系统。这场辩论在许多情况下成为各图书馆自己拿主意的问题。

保存和维护

保存是图书馆员防止馆藏丢失的所有措施，而维护是在馆藏中有资料受损时采取的行动。保存包括保护馆藏的有关政策规定，例如，馆内禁止食物、饮料和其他物品。其他一些好的保存政策包括温度调节、安保装置的应用，以及针对正确处理资料的方法进行的员工培训（尤其是学生员工）。

对于社区学院图书馆而言，维护不是中心问题，因为资料内容的新颖程度更需要考虑。然而，特藏资料的维护还是应该考虑。馆藏管理政策中应该包括维护的相关内容，例如，资料在什么情况下需要进行修复、装订和书页补缺等维护处理（请参见旁引9-1）。

馆藏评估

在《学生学习专谈：21世纪社区学院和其他学院图书馆管理》（*It's All about Student Learning: Managing Community and Other College Libraries in the 21st Century*）一书中，罗伯特·凯利（Robert Kelly）（2006）在他写的一章里提供了一个很好的关于单个图书馆馆藏的案例研究。佩罗（Perrault）等人对佛罗里达州的28所社区学院所做的研究表明：尽管图书馆在学院初创之际获得了充足的经费，但是同等水平的经费却未能持久，这使研究中的大多数学院图书馆的馆藏陈旧过时（1999）。作者建议每年新增5%的文献，同时剔旧相同数量的文献，他们将这种方式定义为"持续更新模式"（Continuous Update Model）。

为了实现持续更新模式，图书馆必须要有馆藏数据。正如佩罗等人（1999）指出的，他们在研究中使用的数据来自所有社区学院图书馆共享的州级书目和流通系统。馆藏的年代、特定索书号范围的资料年代，以及馆藏流通的数据都可以从任何流通系统中检索提取。在对一所学院图书馆的研究中，黛比·丁金斯（Debbie Dinkins）发现，占到80%流通量的资料只占到25%—34%的购买馆藏，这证实了馆藏的二八定律。

推动馆藏评估的一个主要动力是学院课程设置的变化。社区学院的课程和项目特别不稳定，因为它们通常被授权考虑当地劳动力的培训与优先需求，一些专业认证对馆藏的规模以及专供学生使用的资料都有具体的要求。所有即将发生的课程变更都必须通知图书馆员。达到这一目标的最佳办法是让图书馆馆长或其他工作人员加入有关变更提案评审委员会。

安妮·玛丽·奥斯汀费尔特（Anne Marie Austenfeld）（2009）概述了在小型学院环境中应对新课程和教育项目的综合策略。她建议学院行政管理人员设置需要得到图书馆员批准的课程和项目批准流程。图书馆员应该与至少另一所支持该项目的学校对自己的馆藏进行评估，评估可以通过手工操作进行，例如通过主题搜索对 WorldCat 进行审查，或使用自动工具，如 WorldCat 的馆藏分析模块（OCLC n.d.）。馆员应检查联盟同伴的馆藏，以图潜在共享。对期刊和数据库的推荐购买项目要仔细审核，因为它们对图书馆来说意味着长期投入。在教育项目的初始阶段，在购买期刊访问权限之前，最好依靠馆际互借以确保项目的可持续性。

停办专业，也应该有相应的馆藏重审，因为不再需要采购该专业的资料，该专业的期刊也可以停止订阅。阮冈纳赞（Ranganathan）（1957）有一句名言，"图书馆是一个生长的有机体"，换句话说就是"图书馆员发展新馆藏的同时，必须整理和剔除旧馆藏"。

剔除还是存储

许多研究表明，书架空位较多的图书馆资料利用情况比较好。书架过分拥挤会加大找书难度。克莱尔·福尔（Claire Fohl）指出，如果馆藏定期轮转，找书就不会那么痛苦了。例如，每两年一个夏天，重点是科学类馆藏，另一年夏天，重点是人文科学馆藏（2002）。福尔进一步描述了图书馆员和教师联合决策馆藏资料保留与剔除的活动。

《持续性的检核评估与淘汰手册》（*CREW Manual*）（Larson n.d.）是进行剔旧的绝好指导。确定剔旧对象很简单：选择目标出版年代和零流通起始日期。例如，选出所有15年以前出版的书，以及过去5年内零流通的书。这

96

只是第一步，剔旧不能简单地等同于淘汰，它也是馆藏建设的一个环节。尽管选择过程很耗时，但结果却是拥有一个更健康的馆藏，一个能够更有效地服务读者的馆藏。应该鼓励循环再利用，对您不再有用的书有可能是其他图书馆渴望收藏的资料。通过图书馆入口处的"书桌"或者eBay出售淘汰的旧书，偶尔也会有一定的收益（McGowan 2011）。不要让这些活动妨碍您完成真正的任务，即为新资料腾出空间，提高馆藏流通。

谨慎遵守本机构的物资处置程序。用公款购买的资料可以按设备对待，必须经过特殊脱附处理。此外，要确保遵循出售多余资料程序，有些机构不愿意让图书馆保留此种款项。

特色馆藏

未来，衡量一个图书馆馆藏的成功与否不是看它的规模，而是看它有没有独特性。由于因特网便利了流行资料的传播，所以图书馆员必须着眼于社区，以建构具有特色的馆藏。过去，只有大型的大学图书馆才有档案、政府文件和特藏资料，而现在，一些社区学院图书馆也建立了具有特色的馆藏。图书馆、档案馆和博物馆的交集已经在如公共图书馆等领域发生，这个趋势可能会延伸到社区学院。

档案

图书馆也许负有存贮档案的职责，但是在社区学院中仍然很少见。除了收集和组织学院的行政管理材料之外，收集学生资料也很重要。贝尔（Bell）和加斯顿（Gaston）（2005）为在社区学院建立档案馆藏给了一个强有力的理由，他们的文章反映了1960年代黑人初级学院与主流为白人学生的学院合并的独特历史，它同时也给所有的图书馆员上了重要的一课，使他们认识到在社区以及校友的生命里为学校保留一个位置的重要性。贝尔和加斯顿描绘了他们收集反映学校历史的纪念品和文档所经历的过程（2005）。

　　档案收藏通常是从学院年鉴开始的，尽管许多社区学院年鉴一类的出版物都出自人员流动非常活跃的学生团体之手。康涅狄格州纽黑文的盖特韦社区学院（Gateway Community College）的年鉴是由一个学生团体（时而没有成员）创建的。同样的问题使其他出版物，例如报纸和文学杂志，无法连续出版。在学习资源中心启动档案项目，需要指派专人去跟踪了解学生团体及其出版物的情况。

　　数字时代使这一问题更加严重，因为许多这样的出版物都是在网络上创建和传播的。档案项目必须要与内容制作人建立联系，以确保按期获取出版物。利用互联网档案馆（the Internet Archive）①或许是可行的。北卡罗来纳数字遗产中心（North Carolina Digital Heritage Center）发起了一个独特的项目，将全州各院校的年鉴数字化。互联网档案馆出借设备，提供人员，并将文档托管在其服务器上。数字遗产中心和院校合作获取资料并监督数字化工作（有关此项目的更多信息，请参见北卡罗来纳学院和大学年鉴）。

当地历史及博物馆

　　收集和反映本校的历史固然重要，但是社区学院图书馆同时也可能是为当地社区服务的地方。一些图书馆员已经主动地开始收集和保存他们所服务地区的历史文献。北卡罗来纳州威尔克斯郡社区学院（Wilkes County Community College）的詹姆斯·帕杜图书馆（James Pardue Library）就是一个例子，它收藏了有关当地历史的书籍、有居民回忆县史的 YouTube 频道，还有一位当地诗人的档案，图书馆获得了该州的一系列补助金，以支持当地

---

　　①　因特网档案馆是位于旧金山的非营利数字图书馆，可免费上传或下载数字化文献。——译者注

历史文献的收藏①。

一些图书馆拥有三维藏品，从而不时需要一个博物馆空间来展示部分藏品。例如，在北卡罗来纳州阿拉曼斯社区学院（Alamance Community College）的校园里，有一家当地历史博物馆。该博物馆的捐赠人正是捐款建校的那个家族。其他社区学院拥有小型艺术收藏，管理艺术品的负责人受图书馆馆长的领导。图书馆有时会收到独特的礼赠藏品。

1.机构资料库

机构资料库是基于互联网的、机构内部的学术成果资料。在过去的十年里，随着在线开放获取期刊出版的出现，学术交流革命发生了，而机构资料库就是那场革命的一部分。可能会有争论说，两年制学院不会产生"学术"信息；然而，两年制学院会产生他们自己独有的内容。专项工作组报告、学生开展项目、学生出版物以及教师文章，这些都是可放入机构资料库的内容。

大多数机构资料库建立在Dspace等开源平台上。有些平台提供者，如伯克利电子出版社，正在使机构无须重设自己的装置就能够参与进来。根据伯克利的数字共享空间计划，他们将提供会议、期刊甚至书籍的存储服务。其他供应商也提供类似的机会。

2.政府文件托存

美国联邦托存图书馆项目（Federal Depository Library Program，FDLP）的建立目的，是确保在美国各地都能获得美国政府发布的基本文件。每一个国会选区都有资格在认可的图书馆中设立托存库。大多数托存库都设在大型综合性大学图书馆中，但是有大约24个位于社区学院图书馆内。美国联邦托存图书馆项目免费分发政府印刷局（Government Printing Office，GPO）印刷的资料，包括许多读者需求的出版物，如经济报告、法律和国会听证会记录。托存图书馆必须指定它能接受大量印刷物的百分比，一个规模小的图书

---

① 此信息来自个人交流。

馆通常接收约10%。社区学院必须考虑管理此类馆藏所消耗的小时人工成本，然而，能够被认定为托存图书馆是一种荣誉，并且可以弥补低预算。政府文件馆藏可以通过提供资料获取权限来支持周围社区，而这通常正是社区学院主要任务的一部分。

3.善本收藏

大多数学习资源中心的图书馆员都不会努力去将善本书籍收入馆藏。但是，善本书籍有时被作为礼物赠予图书馆，或者因为其他的馆藏都没有收藏它们而使其变得弥足珍贵。维瑟（Visser）（2003）简要介绍了如何识别和管理应归入特殊收藏的资料。她指出，美国图书馆协会的善本和手稿分部（Rare Books and Manuscripts Section，RBMS）提出了四个标准，可用来确认应该收入特殊馆藏的资料：

（1）年代——早于1801年；

（2）人为重要性——作者签名、珍稀装订或版本；

（3）机构强项——如知名焊接专业；

（4）状况——可以保存。

一旦确定了善本或特藏，就必须仔细考虑和决定如何维护和保存的问题。员工是否有足够的工时？是否有相应的知识和资源？也许可以考虑出售或捐赠给更大的图书馆，使其得到妥善的管理。

4.资料数字化

建立数字化资料的数字图书馆，过去只有大型馆藏才有可能被数字化成为数字图书馆资料，而现在小型馆藏也可以了。这项工作重点应该放在特藏资料，和同其他机构共建对社区有影响力的资源的合作项目上。数字化加工可以在馆内完成，但是正确的操作还需要一定的专业知识。

更具吸引力的选择可能是将数字化加工和数字馆藏托管外包。联机计算机图书馆中心的一个前附属机构 Lyrasis 正在为图书馆提供解决这两种需求的服务。小项目也可以由商业公司来完成，例如 iMemories 或 MemoryHub，它们正在向消费者推销图片、视频和音频的转换及存储的服务。它们不建立数字图书馆，但是向数字化产品的转换为该服务奠定了基础。

我的故事——剔旧加强了馆藏

我所在的社区学院的书架是黑钢的，是从另一家图书馆买来的。在一个没有窗户的房间里，它们使图书馆看上去非常昏暗。书架上堆放着老旧的资料，许多书是从一所已经不存在的四年制宗教学院买来的。很多书的内容是神学和哲学，我们学院甚至都不开那些课程。有一年夏天，我的同事坚持要将不需要的书籍剔除掉。大家各自都有着自己的事情，对于我来说这并不是优先要务。但我们拥有的大量书籍正在误导读者，所有那些旧的、不合时宜的书堆放在那里，使人简直无法发现馆藏中的好书，于是我们进行了剔旧。来年的资料流通量便飙升了，新书能被发现和欣赏了，黑色的书架也被替换了，图书馆成了一个更令人愉快的地方。

结束语

馆藏反映了馆员的社区理念。它不只是从出版作品中收集而来的书籍和资源，它也反映着千变万化的读者群体。本章讨论的方法中，有一些可能不适用于馆员独立操作的情况，但是，如果考虑同其他机构合作工作的情况，它们也许就是有益的。

第十章 多元化考量

社区学院致力于直接服务所在的社区。为实现这一目标，社区学院树立了教育公平的宽广愿景，坚持开放入学的政策，让最具多元化的学生群体能够接受高等教育。美国社区学院协会在最新一份报告的序言部分指出，该协会对每一个人都可以获得高等教育机会的承诺，是基于其成员学院的核心价值的（AACC 2011）。为如此多元的读者提供服务的图书馆员，必须将每位读者作为个体来对待，了解群体特征有助于打造适合个体的服务。

其他章节已经研究了社区学院的人口特征及其对参考咨询服务、信息素养指导和馆藏建设的影响。本章将更深入地审视多元化的各个方面，为推动图书馆与所有读者、教师和行政管理者建立联系提供方法。最后一部分将讨论使用组织沟通的概念来建立联系，帮助馆员将图书馆推广为一项必不可少的服务。

多元化范围

十多年来，图书馆行业有一个共识，那就是图书馆工作人员多元化程度不够。美国图书馆协会多元化办公室（American Library Association Office of Diversity，ALAOD）最近的统计数字证实，非白人种族的图书馆员只有不到12%（ALAOD 2012）。虽然这是所有图书馆都存在的问题，但是社区学院中极其多元化的社群，向缺乏应对多元文化和多国语言环境特别培训的图书馆员提出了挑战。

从2010年的一个未发表的调查中，可以获得社区学院图书馆员的非正式肖像。190份受访者的样本显示，社区学院的多元化可能低于美国图书馆协会的统计数据，97%的受访者自我描述为白人。该项调查还显示，只有46%的馆员懂英语之外的语言。此外，大多数馆员已有超过25年的馆员工龄，这意味着他们已经接近50岁。最后，81.3%的受访者是女性。

因此，社区学院的图书馆员一般是白人、女性、说英语而且很可能是中产阶级（根据所从事的工作），这些特征会使他们与所希望服务的人群有隔阂。如果关注这些问题，就有可能克服沟通差距。从社区学院的视角来看，构成文化多元化的因素有很多，它们有可能会影响图书馆的服务。本章的罗列并不全面，但旨在激发人们思考那些可能影响图书馆员工作效率的问题。

族裔和种族（Ethnicity and Race）

讨论美国的多元化和图书馆时，种族和族裔是首先要提到的话题。将少数族裔排除在包括图书馆的教育机构之外的漫长历史突出了这个话题的重要性。在过去，种族分类相当简单，包括白人、黑人、印第安人和亚洲人，但是（各种表格中有关种族族裔选项的）复选框掩盖了这些词所代表的复杂现实。2010年的人口普查首次使用了新的人口统计学分类，以便更好地捕捉那些细微差别。一个分类中包括了不止一个种族，如拉丁裔白人是一个单独项。无论如何，使用美国社区学院协会和称为社区学院注册的高等教育数据集成系统（Integrated Postsecondary Education Data System，IPEDS）的交互界面，可以清楚地看到社区学院的族裔统计数据[1]，通过改变视图，可以查看整个美国或某个州的社区学院人口分类统计情况。该工具包含入学身份的图表，即全职或兼职、性别和种族；种族图表显示族裔和种族统计资料。

---

[1] 请参阅http://www.aacc.nche.edu上的工具。

族裔是比种族更宽泛的词汇，对图书馆服务有一定的影响。即使学生选择了"白人"复选框，但他们可能来自某个族群，这会使他们对图书馆员的工作和服务有不同的看法。例如，许多东欧的新移民更为熟悉图书馆闭架式资料管理，他们可能会到服务台要求馆员从书架上取一本书。这个简单的请求可能引起图书馆员的恼怒，以及读者的愤愤不满。

难民和移民

移民因为工作调动，为了家庭团聚或为了追求更好的环境而自愿来到美国。他们大多数拥有在美国学习、工作，甚至申请永久居住权的许可证件。无证移民和他们的孩子则处于各种繁芜丛杂的各州法规所导致的特殊情况中，这些法规对每一所社区学院的影响都不同。尽管像美国社区学院协会和社区学院移民教育联盟（Community College Consortium for Immigrant Education，CCCIE）[①]等组织极力敦促制定国家移民教育政策，但各州仍然在颁布各州自己的法规。

难民是由于战争和流离失所而逃离家乡的移民。他们在难民营生活，并在路德教会家庭服务（Lutheran Family Services）等组织提供一定服务和机会的社区重新安家，从而获得合法进入美国的权利。今天，主要的难民社区在北卡罗来纳州的格林斯伯勒、华盛顿州的西雅图、明尼苏达州的明尼阿波利斯—圣保罗和佐治亚州的亚特兰大。虽然他们具有相同的移民身份，但难民群体有独特的需求。例如，他们的母国可能没有图书馆，因此，设计介绍图书馆系统的导游和讲解是他们信息素养教育的重要组成部分。向他们介绍免费服务、资料借阅以及各种资源的概念可以帮助他们获得经验，这将有助于他们在所学习的领域取得成功。

103

---

① 请参阅其网站http://www.ccie.org。

语言多元化

移民、难民和少数民族背景的人经常到社区学院来学习英语。根据成人读写能力促进理事会（Council for the Advancement of Adult Literacy，CAAL）关于成人以英语是第二语言（ESL 或 ELL）的报告（Crandall and Sheppard 2004），社区学院有大量的ESL项目。报告将ESL的学生分为几个不同的类型：

（1）1.5代学生——父母不说英语，但自己在美国接受过一段时间教育的学生；

（2）国际学生——已来到美国并在进入全日制学习之前必须具备英语水平的学生；

（3）其他国家说英语的学生——在母国接受过英语教学，但尚未达到标准美国英语水平的学生。他们在阅读和写作方面需要更多练习；

（4)ESL扫盲学生——基本不识字，即不能用母语阅读和书写的学生。

成人读写能力促进理事会的报告中没有包含该领域文献中常遇到的一个术语，即"英语水平有限"（LEP）。例如，即使读者能用英语在某些领域表达自己，也不意味着他们理解心理学或医学中使用的词汇。

如第九章所述，图书馆通过提供经适当选择的资料，可以提升ESL学生的总体能力。信息素养课程必须专门针对这些班级设计，并且可以根据上面分组类型做针对性的调整。1.5代学生也许只存在某些查找信息的问题，而国际学生在查寻找和使用信息资源方面会遇到很多不同的问题。

身体和智力残障

高等教育在为身心能力差异人士提供适当设施方面存在着许多问题。1990年的《美国残疾人法案》（*The American with Disabilities Act*）要求为这些人群提供更好的设施、住宿和其他服务。由于政府和非营利机构设施的豁免（Willis 2012），设施的升级速度非常缓慢。如果设施建造不合适而造成

104

了不公平，解决的措施就是将服务点设在残障人士受到阻碍的地方去。要确保坐轮椅的学生知道，他们在需要的时候，可以寻求帮助以索取书架上的资料。在美国图书馆协会的分支机构"合作和特别服务协会"（Association for Cooperative and Special Services，ASCLA）的网站上，也可以找到其他的一些建议。这些建议主要针对公共图书馆，但是对所有图书馆的设施问题都有帮助（请参阅旁引10-1，以了解有关身体残障的更多信息）。

旁引10-1　我们都有残障

我印象最深的文化意识体验是在北卡罗来纳大学格林斯伯勒校园举办的"第三届年度获取与平等会议"上。主题发言人以一个简短的声明开始了他的演讲——我们所有人在某种程度上都是残障的。他提醒听众，如果我们戴眼镜，则在严格意义上是残障的；如果爬楼梯有麻烦，那也不是完美的健全人。即使我们现在是完美的，他提醒说，这也不意味着我们会一直完美下去，因为年迈、事故和疾病可能使我们在未来残障。我们中有多少人需要戴眼镜或隐形眼镜纠正视力？我们中多少人曾摔断腿，以至于像爬楼梯这样的小事也需要别人帮助？我们中有多少人够得着图书馆书架顶层的书？我们不认为这是残障，因为这是暂时的或者很容易纠正的。然而我们并不完美，我们在图书馆服务的对象也不完美。他们在生理和心理上的困难可能是永久的，但是他们还在努力度过他们的人生，克服每天遇到的障碍，值得尊重。

我永远忘不了在我的社区学院勤工俭学的卡洛斯。他由于从屋顶摔下导致瘫痪而需要使用轮椅。他在图书馆工作间绕着障碍物转来转去，毫无怨言，尽管我们可笑到没有把过道上的书车移开，也没有将椅子放回到原处，或是将垃圾桶放在应该放的位置。他还忍受了所有的校园大楼（不仅仅是图书馆）缺少无障碍卫生间设施的状况。他忍受着慢性病痛的折磨，却致力于学业，每日坚持工作，给我上了生动的一课。是的，我们都有过残障，也许还会再次残障。我们可以学习为那些长期面临这些问题的人们提供应有的服务。

随着退伍军人从伊拉克和阿富汗回归，以及对大脑性瘫痪和其他身体限制疾病的医疗保健的改善，有身体障碍的成年人在持续增多，因此图书馆员应着力于改变图书馆的布局以使其符合应有的规范。

精神健康问题在校园中无处不在。图书馆员要自己学习一些方法，以应对陷入崩溃境况的学生。因为图书馆的开放时间比校园内其他许多服务机构都长，所以图书馆能够成为临时的心理咨询场所。虽然图书馆员永远不能替代训练有素的咨询师，但是做好准备，应对学生显露的挣扎迹象能帮助他们在学业上取得成功。此外，我们还可以提供有关资源来帮助他们渡过难关。收集这类资料可以帮助学生完成论文、演讲或其他英语课的作业，因此这部分支出也是合理的。

学习差异

许多人之所以就读社区学院是因为高中成绩不好甚至辍学。缺乏成功有时可归因于学习方法的差异。在1980年代，对这种差异的认识导致图书馆扩展成为学习资源中心。

为了帮助学生适应各种学习上的挑战，社区学院设置了继续教育的选项项目。北卡罗来纳社区学院用下面的文字描述他们开设的课程。课程描述所用文字因州而异，但它们的意图通常都是相同的。

（1）成人基础教育——注重提高数学、阅读和语言技能。

（2）成人高中——完整高中应修课程，但针对成年人的内容。

（3）职业准备——一套注重最新技术技能、语言能力和简历写作的课程。

（4）补偿教育——专为智力障碍或脑外伤患者设计。

（5）通识教育发展——旨在帮助学生参加普通教育水平证书（GED）考试，并具有与高中文凭相当的课程。

（6）技能培训——侧重于获得诸如机械加工等特别技能。这些项目通常针对特定雇主或工作环境设计。

馆员可以为这些不同群体专门设计信息素养指导和图书馆参观方案。可以说，信息技能是所有这些项目的核心。对这些学生来说，通过指导获得信息素养可能是通往成功的最佳路径。

性别和性取向

社区学院学生绝大多数（61%）是女性。虽然图书馆服务并不因性别差异而不同，但是值得注意的是，许多女学生也符合非传统学生的定义：年龄较大，有孩子，在离校一段时间后重返学校。图书馆员可以通过提供有助于学生重返学术界的信息资源来帮助他们返校学习。

性取向和性别认同是在青年期形成的。虽然社区学院有许多年龄在18—22岁的传统学生，还是有许多人需要了解有关男/女同性恋、双性恋和变性（gay，lesbian，bisexual，and transgender，GLBT）问题。展示信息资源和专题的 LibGuides 可以帮助学生认识到图书馆是讨论这些身份问题的安全场所（Hammer 2003）。

代际差异

106

2002年，美国国家教育统计中心关于教育水平的年度报告《教育状况》报告（Condition of Education）将非传统学生定义为有任何下列特征的人（Choy 2002）：

（1）延迟入学（没有在高中毕业当年进入高等教育）；

（2）一学年中至少有部分时间在兼职工作；

（3）入学期间全日制工作（每周工作35小时及以上）；

（4）确定助学金资格时被认定为经济独立；

（5）有除了配偶之外的其他受抚养人（通常是孩子，也有时是其他人）；

（6）单身父亲或母亲（未婚，或已婚但分居并有受抚养人）；

（7）没有高中毕业证书［持有普通教育水平证书（GED）或其他高中结业证书或者未完成高中学业］。

社区学院学生的平均年龄是29岁，三分之二的学生是兼职学习。因此，大量社区学院学生符合美国国家教育统计中心的定义。非传统学生常比传统年龄的学生更有学习动力，但是上面所列的任何特征都可能成为成功的障碍。

代际差异的另一个方面是，有42%的社区学院学生是家庭里第一个上大学的（AACC 2012）。根据杰夫·戴维斯（Jeff Davis）（2010）的研究，由于美国的移民的增加和出生方式的变化，社区学院第一代大学生的数量将持续增加。戴维斯认为，第一代大学生更可能面临学院文化的挑战，并且在就学期间遭遇困难时难以坚持下去。许多学院都开设了"第一年体验"类课程，这对图书馆来说是一个机会，可以向正在适应陌生环境新文化的非传统学生和第一代大学生伸出援手。图书馆员可以成为其中不可缺的组成部分，甚至可以教授这样的课程。

应对多元化挑战

美国图书馆协会试图通过招募更多来自不同背景的图书馆员来应对多元化的挑战。1997年，美国图书馆协会设立了Spectrum奖学金以带动这项工作的开展。这一举措并未取得巨大成功，然而，它告诉人们不要着眼于现有员工以外的因素，而应集中精力培训在岗人员，以应对多元化的问题。在这方面，美国学院和研究图书馆协会在2012年颁布了新的标准，名为《多元化标准：高校图书馆的文化能力》（*Diversity Standards: Cutural Competency for Academic Libraries*）（ACRL Racial and Ethnic Diversity Committee，2012）。这11条标准反映了本章的大部分讨论，并涵盖了多元化对个人发展、图书馆馆藏建设和服务的影响，以及对图书馆以外因素影响。在本章的其余部分，我们将研究三种可以用来解决多元化问题，并为社区学院环境带来真正变化的透镜。要正确解读多元读者并为他们提供更好的服务，图书馆员面对的挑战就是，适应多元文化和多语种的工作环境，提高自己的文化能力和情商。

多元文化和多种语言图书馆工作

"21世纪社区学院图书馆员调查"显示，只有30%的社区学院图书馆员能流利地说第二语言（请参阅附录B）。面对一个可能使用150种语言中任何一种语言的读者时，馆员该怎样帮助他？馆员的目标不是以母语帮助所有读者，而是通过适当的方法帮助他们弥补对图书馆的理解差距，以获取他们所需要的信息。这意味着图书馆员能使用简单的技巧帮助一位说西班牙语的读者明白书店和图书馆的差别（请参阅本章结尾的"我的故事"）。此外，图书馆还应该在馆藏和环境方面反映出读者的语言和文化。克拉拉·楚（Clara Chu）（2004）写到，发展多元化文化图书馆服务的目的，不只是为了服务多元化背景的读者，也是为了通过我们提供的资料和服务，拓宽主流文化背景读者的视野。

文化能力

文化能力，也称跨文化能力，最初是在商界发展起来的，以应对跨国企业和其他业务不断扩大的全球化。由于世界各国都有人来到美国，所以对于文化能力的研究已经在卫生保健、教育和图书馆等领域开展。移民、出生率和其他因素已经改变了美国的人口构成，幅度之大以至于到2050年，人口中的大多数将来自于少数族裔。文化能力是通过学习获得的技能，必须成为每个图书馆服务人员技能的一部分。

文化能力的基本前提是，无论差异的根源是什么，专业人员都必须能够理解并尊重另一种文化。克罗斯（Cross）等人（1989）首先描述了获得能力的阶段，该模式已经被用于不同的情况。帕特里西娅·欧弗罗尔（Patricia Overall）（2009）写到，这些阶段形成了一个连续渐进的线性形态。她将能力的六个阶段绕轴心排列，并展示了可用来从一个阶段移向另一个阶段的活动。视觉效果更好的一种排列是环状序列，当图书馆员遇到社区学院中可能存在的许多文化差异时，这个环状序列可能会重复出现（请参见图10-1）。

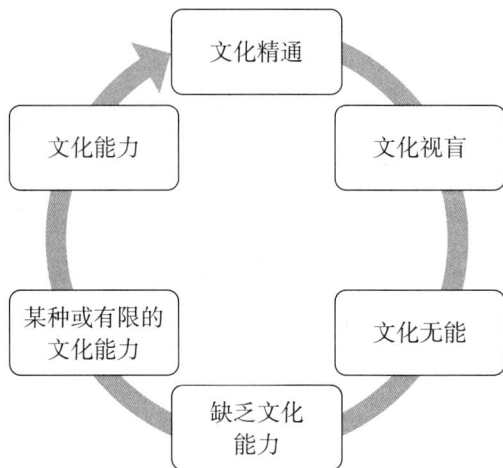

图10-1　文化能力模型[①]

　　该模型的目标是文化精通，即可广泛应用的文化能力。一个人的起始点可能在文化视盲，在此情况下，每一种文化都看起来或感觉应该像是自己的文化；文化无能会更糟糕，处于这个阶段的人会主动地选择忽略文化差异；根本不了解差异就是缺乏文化能力；文化能力的各阶段可以通过理解一个文化（有限文化能力）进而达到与多种文化的适应（文化能力）。各阶段对于所有文化来说既不是排斥的，也不是绝对的。一个人可能具有某种文化的能力，却没有另一种文化的能力。

　　可以举办讲习班和其他培训班以使人们从没有文化能力转变为有一定的能力。库珀（Copper）、何（He）和莱文（Levin）（2011）敦促教育者在

---

　　① 文化能力是一种习得的技能,这种技能的习得过程是从文化视盲一步步进展到文化精通。在每一个阶段,各种活动能帮助图书馆员从一个阶段前进到下一个阶段,当机构的政策和程序适应所有文化时就达到了文化精通阶段。尽管文化精通能使得有文化能力的人在和所有文化打交道时都表现得更好,个体遭遇文化差异时还是可能会发现自己多次经历上述圆圈中的过程。

文化能力的道路上走出舒适区，进入批判区，走向掌握区。图书馆员如果用批判的眼光看问题，就能够反思自己的身份和经历，就愿意去了解和赞赏学生的文化传统，从而改变图书馆的服务和教学以支持学生的成功。米尔纳（Milner）（2010）提出了所有培训项目应该遵循的五个概念，我们将其研究结果概括如下：

（1）色盲——如上所述，文化无能的核心是看不到个人及其文化。

（2）文化冲突——图书馆员应该意识到他们作为主流文化的成员和代表所固有的影响力，必须将正视影响力问题作为多元化工作学习过程中的一部分。

（3）精英神话——这个神话就是，任何人只要努力工作都会在美国社会中进步。事实是，对于没有在主流文化中开始人生的学生和教师来说，结构性障碍仍然存在。

（4）缺陷概念——"贫乏"一词概括了这种思想体系。对他人持有这种看法的人本身就无能，恰恰使自己成了有缺陷的人。正确直面多元文化背景的人们，才能够改变服务于他们的方式。

（5）期望——每一个学生都可以为他们的社群做出贡献。期望每个人都能够做到"尽我所能"。

库珀、何和莱文（2011）描述了一些用于培训项目的练习，目的是拓展参与者的文化能力。其中最基本的一项就是增强自我意识，参与者要写一篇自传来描述自己的文化背景。作者要求人们回答以下四个基本问题：

（1）说明家庭出身和传统。从你的家初到美国开始，讲讲有关你家的故事。

（2）邻里。说说你的邻居，自你住在那里以后，邻近地区都发生了什么变化？

（3）学校或图书馆。你能记得的图书馆员是谁吗？是什么让你改变了对多元文化的态度？

（4）自我文化认同感相对他人文化归属感。你认为自己属于哪些文化群体？别人认为你应该归属哪些文化群体？

正如文化能力模型所示，自我意识只是迈向文化能力的第一步。真正的文化精通是在组织和机构层面上的。图书馆可以通过推广各种馆藏，举办各类图书馆活动，以及为同行和学生树立榜样来提高整个组织的文化能力。正如美国学院和研究图书馆协会标准所指出的那样，图书馆的领导应该发挥影响力，使来自不同背景的同事和读者分享他们的故事。

实现这一目标的办法之一是主办一个多元的读书俱乐部。库珀等人（2011）推荐了一些非小说类书籍，可以用于激发图书馆工作人员、教职员工、学生和行政管理人员之间的对话。各种小说作品中感人的叙事描写可能会更有效地为人们创造讲述故事的空间。作为图书馆员，我们能够找到可以广泛共享的资源。此外，图书馆员可以主办故事会活动，使人们能够讲述自己生活在一个多元世界的故事，并可以将这些故事在具有适当权限的网站上录制并存档。

运用情商

情商，也称为社交情感学习（social and emotional learning，SEL），在第七章中描述为与人成功相处的技能。它也是一种通过学习获得的技能，在学前班到高中的教育改革和其他领域中一直被广泛宣传。社交情感学习的核心能力是自我管理、自我意识、社会意识、人际关系技能和责任决策。卡米拉·阿莉蕾（Camila Alire）（2007）写到，自我意识（如在文化能力过程中一样）是在多元组织中成为具有情商的领导者的第一步。她写到，社会意识是下一步，做一些建立其他文化知识的练习，能够帮助培养这一技能。阿莉蕾最后指出，关系管理技能对于领导能力来说是至关重要的，对于一个组织内部的所有成员来说也是至关重要的。认识到感同心和感受性在影响人们行为方面的作用尤为重要。利用社会情感学习可以使一个组织更接近于实现美国学院和研究图书馆协会的多元化标准。

110

国际化的社区学院

社区学院这一现象已经延伸到美国之外的地方（Raby，Valeau 2008；Elsner, et al. 2008）。有些交流项目正在开发之中，它们反映了大学期间的留学计划。支持这些项目可能是提高图书馆工作人员和读者文化能力的重要途径。馆员可以设立一个馆藏项目，为学生去国外访学做好准备，为其他国家的来访者提供支持。馆员可以努力参加到这些项目的计划过程中去，可以在图书馆里举办策划会，分享文化能力的概念，以此帮助学生在他们的全球交流中取得成功。此外，馆员可以联系合作方学校图书馆，争取举办网上研讨会联合项目。图书馆事业的重要任务之一就是提供人们所需要的信息，而这些项目是实现这一目标的又一个机遇。

建 立 关 系

您如何同您的读者群体联系呢？有关组织沟通最新的研究中有"分享的力量：与读者分享您的故事，分享他们的故事"的主题，图书馆员可以学习那里的经验。图书馆不再仅是能找到书的地方，学生和教职员工来访图书馆或图书馆网站一定还有其他的原因。

图书馆的网站不仅是链接的罗列，而且是图书馆数字分馆的门户。它必须具有金（King）（2009）所称的"真实的员工、真实的馆藏、真实的馆舍和真实的社区"。网站必须模拟实体空间活动，并且吸引读者使用数字图书馆，也使用实体图书馆。社区成员必须能置身在网页和书架间。两者都必须反映出本章开头概述的广泛的多样性。帕姆帕洛尼（Pampaloni）和伯德（Bird）（2014）的研究指出，社区学院在创建图书馆数字分馆方面还做得不好。他们没有参考咨询聊天链接，没有容易找到的教程，没有新书单，也没有反馈空间，甚至没有明确的图书馆联系电话号码或电邮地址。我们关键要的不只是从图书馆到读者的单向联系，而是一种建立真正社区的方式。

我的故事——对不知道的事持开放的心态

我工作的社区学院在一栋旧厂房内，有长长的走廊，但是没有窗户。面向学生的大多数服务台都设在一楼，一个挨着一个排成一行。很多时候，会有学生来找课本，我总是重复一个老掉牙的诉说：图书馆无力购买所有的课本。学生常常带着拉丁口音解释说是想买课本。我则会解释买书要去大厅那边的书店。我不懂西班牙语，不知道"library"（图书馆）一词看上去更像"libreria"（西班牙语中的书店），而不是"biblioteca"（西班牙语中的图书馆）。假如我能够更多地关注周围环境中的多种语言和多元文化的问题，我就会更容易地去帮助所有那些学生。一旦我知道学生在想什么，就能更快为给他们指出正确的方向，并解释我们这是"biblioteca"，邀请他们再来回访我们。

结束语

多元化可以通过许多不同的维度来观察。本章深入探讨了为某些个人群体提供的服务，但是每一次服务都只为一名学生。无论您和上述的哪一组人处于文化能力循环圈模型中的哪一个阶段，请一定要进入到下一个阶段。如果您在性取向方面处于"一些或有限的文化能力"阶段，您也许可以举办一个有关性取向专题的读书俱乐部，那么您和您的员工，甚至是学院员工的文化能力都将会得到提升。或者，您可以编写自己的文化能力自传，看看可以在哪里进行改进。每个人都会有文化盲点，但每天人们都可以努力去获得新的理解。

第十一章 技术简介

2012年春，笔者在北卡罗来纳大学（格林斯伯勒）教了一门图书馆学情报学硕士班的课程，该课专注于研究社区学院图书馆。那个学期，他们给美国学院和研究图书馆协会的各会员学校以及专科学院分部的邮件列表服务器发了一份非正式的调查问卷，询问学生，他们若要在组织机构中有所发展，应该掌握哪些技术。拟定的调查表上有50多个条目，覆盖范围从微软软件应用程序到开放资源电子学习平台。这些条目内容太过广泛，本章无法面面俱到，因此只拣选了一些能够凸显重点的主题来讨论。一个贯穿全章的主题就是，在"自己编辑或是开源式解决方案"和"现成产品或是专利技术解决方案"之间，我们应该如何抉择。不同的图书馆和图书馆联盟应选择最适合自己的解决方案。

希望本章的内容能够激励学生和在职图书馆员去尝试新的应用软件，并思考如何将各种程序和技术应用于学习资源中心。本章的末尾列出了一些组织、网站和会议，有助于我们了解图书馆相关技术不断发展的目标。

文件制作和其他办公处理软件

图书馆和所有的商业组织一样需要制作文档、记录预算和制作简报。微软办公软件是使用最为广泛的软件，然而替代品也一直在不断地涌现。本节将概述广泛应用的办公软件、介绍替代品软件和文档的云端存储。

微软办公软件（Microsoft Office）

微软办公套装软件是调查问卷回复中提到次数最多，也被认为是最重要的。尽管人人似乎都知道微软办公软件的构成部分，但是许多新馆员并不知道如何在图书馆建构下应用这些软件所有的功能。以下是对该软件各部分的简单介绍以及应用的例子。

（1）Access数据库——这个关系型数据库软件可能是所有微软办公组件中最不被人们熟悉的程序。将收集的记录移到 Access 中，就可以在图书馆集成管理系统之外对记录进行处理。例如，我们也许有必要将图书馆所有的小说资料单独放一个数据库，这个数据库可以根据日期、作者或书名进行查询，也可以用于剔旧选择。使用 Access 还可以建立专门的数据库。档案材料、设备或者 DVD 等小规模的资料可以存放在这样的数据库中，而不必输入图书馆集成管理系统。将 Access 里的信息输入 Excel，统计操作会更加容易。

（2）Excel电子表格——尽管 Excel 主要用于预算和其他财务运算，但它也可用于呈现统计数据、保存目录清单以及从较大的系统中转化数据，以便有效控制。有些图书馆使用 Excel 制作元数据，批量加载到如CONTENTdm[①]的内容系统中。同样的导入也可以用 Access 来做。

（3）PowerPoint演示文稿——几乎每个人都用 PowerPoint 做过幻灯片来点击播放，但它也可用于呈现独立的教程或被用来制作海报的模板。Prezi是另一款广泛使用的替代品，可用于非线性的演示。Glogster是一种自由创作式的电子海报技术，在大屏幕和其他显示器上非常引人注目。

（4）Publisher桌面排版——尽管与 Word 非常相似，但 Publisher 软件能制作更好的介绍册、宣传册和其他小型的多页文档。如果了解 Word 文字处理，那么它的学习难度会很小，但还是建议选用一个好的入门介绍。

---

① CONTENTdm是OCLC的数字馆藏管理软件。——译者注

（5）Word文字处理——Word 在任何办公环境中都被广泛使用，包括所有的图书馆。知道如何制作专业文档非常重要。许多学习资源中心除信息素养课程外也传授计算机基础知识，因此懂得如何传授基本知识可以为您加分。

微软软件的替代品正在不断增加，包括 Open Office[①]、Google Docs、LibreOffice[②]。表11-1显示了最近的评论推荐的替代软件的特点（Beal 2012；DesMarais 2011）。

表 11-1　微软办公的替代软件

工具套装	云访问	文档	电子表格	数据库	演示文档	绘图
Google docs	√	√	√	√	√	√
LibreOffice		√	√	√	√	√
Lotus Symphony		√	√	√		
Open Office		√	√	√		√
Zoho	√	√	√	√	√	√

云端计算（Cloud Computing）

如表11-1所示，微软办公软件替代品的一个突出优势是，其中一些含有创建文档及其他文件的功能，并将其存储在网络上而非单机硬盘上的选项。随着移动设备和平板电脑（如iPad）的普及，存储文档以使其可以从多个设备上提取是极其重要的。谷歌文档或者谷歌云端硬盘（Google Drive）可能是这些服务中最流行的软件。不过，尽管 Dropbox 在最初2GB容量后变为收费服务，该软件仍是第二受欢迎的。这些服务还有另外一大优势，它们使同事间可以轻松合作，使学生和教授共享文档。

---

① OpenOffice.org。

② http://www.libreoffice.org/features/。

音频、照片和视频

图书馆员需要为课堂和其他听众制作有趣的演示，音频、照片和视频编辑的基础知识有助于完成这些工作。此外，了解如何分享这类内容也很重要。本节将就这两个方面展开讨论。

从台式电脑到智能手机的许多设备都可以捕获数字化音频。一般的麦克风就可以改善声音的质量，而高质量的麦克风效果会更好。在用播客服务之前通常要对这些初步的录音进行编辑。Audacity 音频处理软件是免费的，并且是完成这些任务最受欢迎的工具之一。

有许多照片编辑软件可资利用。对于专业照片来说，Adobe Photoshop 图像处理软件是最好的，但是它的费用高昂，而且不容易学。许多其他替代品是免费的，或者和其他服务捆绑在一起。微软办公软件附带了一个简单的照片编辑器。Google+ 有照片存储和一个过去被称为 Picasa 的编辑系统。很受欢迎的 Photoshop 的替代品是 Gnu 图像处理程序（Gnu Image Manipulation Program，GIMP），它是一个免费开源产品，可以修饰照片并可以做图像格式间的转换。

分享音视频内容有时需要能从网站下载的流处理能力或者使用如 YouTube 的流媒体系统。个人可以建立 YouTube 频道，可以储存音频和视频文件。短的音频和视频文件可以在电子学习系统中发布、放入教学视频中，而且可放在网站上供人下载。

电子学习

信息素养教学已在线上进行。图书馆员可以在学习管理平台的课程中，通过网络研讨会（webinar）和其他演示渠道来教学。这一部分将介绍自学视频和电子游戏制作、学习管理系统、网络研讨会演示和现场直播。

教程和游戏

许多人通过短视频的分步演示学习如何使用某一特定的图书馆资源。这些短视频可以自己使用或在教学课堂上播放，避免依赖网络连接和演示资源服务时间的限制。Camtasia 屏幕录像软件是制作这些自学视频的主要软件。付费软件版本可以在作品上添加旁白，进行编辑，生成清晰且可更新的视频。免费版本的 Camtasia 称为 Jing，可以制作不超过五分钟的有旁白的视频，无法编辑。这表示 Jing 最好用于快速演示而不是反复播放的自学视频。

电子游戏已经被证明是对学习有巨大激励作用的工具。有几个免费软件可以用来制作游戏，包括 Hot Potatoes、JeopardyLabs 和 Quandary。北卡罗来纳大学（格林斯伯勒）的埃米·哈里斯·霍克（Amy Harris Houk）和斯科特·赖斯（Scott Rice）创建了信息素养游戏（University Libraries n.d.），可根据个人的需要进行调整。游戏能够以小组或单人方式操作，可以用于信息素养技能的课前测试。在课堂上，游戏可以调整为用点击器或实时投票软件如 Poll 来操作，教室中不同位置的学生都可以通过教室的计算机或笔记本电脑输入答案。

这些游戏的结果可以用于评估信息素养教学效果。另一个评估办法是使用课前和课后的在线调查。免费的调查网站包括 SurveyMonkey、Urtak 和 Zoomerang。Google Docs 也可以用来建立线上问卷表格，结果显示在电子表格中，可以下载并制成图表。

学习管理系统

学习管理系统自 1990 年代中期问世以来便数量激增。在本节中，这类软件有时指课程管理系统或虚拟学习环境。这些系统中的内容和特定课程有关，可用于存储内容和建立课堂讨论空间，作为面对面课堂的补充，这一模式被称为混合型或融合型。另外一种模式是整个课堂都在线上进行。各校使用学习管理系统的方式都不一样。

正如图书馆集成管理系统，学习管理系统可以是有专利的，或是开源的，每种情况各有优缺点。无论是什么系统，图书馆员都应该足够了解该系统，知道如何将课堂的电子预留资料（electronic reserves）[1]链接到该系统，能够将自己以助教或其他角色嵌入其中，并帮助学生使用该系统。帮助远程学生的关键是图书馆员和教学技术人员合作，将图书馆的链接嵌入每门课中，并提供查询和利用图书馆系统的自学教程。

网络研讨会演示

Collaborate 是交互式网络研讨会、会议或课堂演示的软件，现在已经成为 Blackboard[2] 的一部分。如果学校装有 Blackboard，那么它可能已经具备 Collaborate 的功能。会议主持人可以用这个软件上传并演示 PowerPoint 演示文稿、共享桌面和展示网站。图书馆员可以使用这一系统向远程学生授课，创建独立的自学课程或举行会议。Citrix 公司的 GoToMeeting 是另一个可选的商品，一年的花费大约 500 美元。小规模会议的其他选择有 Zoho Show、Google Hangouts、Join.me 和 Skype。另一种类似但又不同的系统是 TechSmith 公司的 Camtasia Relay、McGrawHill 公司的 Tegrity Campus 或者 Panopto 公司的视频平台 Panopto，它们可以录制全部授课内容。这些系统中有些可以直播或者在网站上播放已录制的演讲。

网络技术

网络现在已是图书馆工作的基本工具了。网络将我们与专有数据库相连接，

---

① electronic reserve 为电子预留资料。电子资料在国外图书馆也常采用借还模式，需要前面的读者归还后才能再次外借阅览，因此也有电子资料的保留服务模式。——译者注
② Blackboard 是一个虚拟学习环境和课程管理系统。——译者注

使我们可以免费搜索网络内容，存放云端文件。有些网络需要我们去更新内容，增添新服务。这一部分将概述浏览器、搜索引擎、网站产品和图书馆2.0技术。

浏览器

没有浏览器程序，就无法与网站和云端连接，那么网络就无法使用。这里有四个主要的浏览器，它们的功能各不相同，并且在不断地变化着。Safari 主要在苹果产品上使用；Windows Explorer 与所有主要的 PC 品牌绑定；Mozilla Firefox 是开源的，具有广泛的功能，包括可以与前文提到的引文管理器 Zotero 直接连接；Google Chrome 是浏览器领域的新军，似乎结合了其他浏览器的许多功能，而且可以在两种平台上使用。网站的功能因浏览器而异，因此您的首选浏览器里装载最新版本很重要。使用特定的浏览器时，数据库、电子学习平台和其他基于万维网的服务可能会有不同的表现，因此了解多个浏览器是必要的。

搜索引擎

每个人都知道谷歌，那么还有必要了解其他搜索引擎吗？谷歌当然已经赢得了搜索引擎竞争的胜利，但其他产品基于其信息搜索和排名显示的算法也提供了不同体验。尽管 Bing、Yahoo 和 Ask 的使用量远低于谷歌，但它们还是可用的搜索引擎。建议间或使用这些浏览器做测试性的搜索，以衡量是否应该同时使用和教授这些替代产品。

网站

网站的设计能力从简单到复杂有许多层次。每个图书馆员都应该能使用基本的超文本标记语言（HTML）设计简单的网站，更加复杂的网站制作程序如 Dreamweaver 则困难得多。然而，简单的网站能够在 Google Sites、Wordpress 或其他类似网站如 Weebly、Jimdo、Squarespace 中建立。虽然这些软件制作出的网页没有大多数用 Dreamweaver 制作的网站一样的功能，但是更容易学，功能也非常强。此外，它们都是可通连云端的，因此图书馆无须操作自己的服务器空间，图书馆的数据流量也不需要占用学院的带宽。

Wordpress 和其他服务软件有时也被称为内容管理系统，因为它们能够为博客和其他内容提供平台。开源内容管理系统正变得越来越流行，dotCMS 就是一个很好的例子。

第三章提到的 LibGuide 是 Springshare 公司开发的软件，用于呈现图书馆资源搜索列表或其他图书馆资源。许多图书馆员正在用这个平台强化他们的网站。越来越多的学院将其网站放在单一域名下，统一由信息技术部门掌控，这类集中控制会抑制图书馆员和使用者之间回应和互动的沟通效果。通过将主网站放在 LibGuide 之下，小规模图书馆的馆员能够收回自主权，而无须配备网络程式设计员。

图书馆的网站是其最重要的交流工具之一。符合公认的《美国残疾人法案》的规范标准，是网站设计中主要考虑的问题，"网络无障碍倡议"（Web Accessibility Initiative）网站上有关于这方面的信息。正如第十章所指出的，图书馆员可以负起责任来，使校园面对学院所有的人无障碍开放。而网站正是这一道德责任的一部分。

图书馆 2.0

有一段时间，图书馆 2.0 被捧为未来的潮流。在早期采用的过程中，图书馆员尝试了许多这类沟通渠道，但是它们很快便由于缺乏监管而陷入瘫痪。保持网络活跃并不是一项业余活动，必须有专职人员负责。许多大型图书馆有全职负责读者体验的馆员，他们监控网站、更新脸书并保持推特账号活跃，这些图书馆员报告说每天在这上面平均要花两个小时。

对于一个小规模的图书馆的人员来说，从事这样的信息往来似乎不可能，但这是图书馆在社区中显示自身存在的重要部分。正如学习资源中心位于校园中心那样，图书馆员也必须能够通过电子信息存在同外界保持联系，网站和图书馆2.0的活动就是这一需要的延伸。这些活动建立持续的关系，可成为学生成功的重要部分。

　　另一个方法是与您服务的教师建立联系。Facebook、LinkedIn、Ning 和 Piazza 都是连接小群人的免费或低成本的方法。私人群体可以从像脸书这样大的传播系统中分离出来。例如，如果您把教英语101课的全体教师联系在一起，他们就可以同您共享作业的设计想法，交流资源建议，共享图书馆的新资源。

内容管理系统

　　图书馆员在多种计算机系统中管理内容记录、内容链接和内容完善。这一部分将介绍目录、电子资源管理系统和全文管理系统。

目录和图书馆集成管理系统

119

　　图书馆目录是最先实现自动化的图书馆系统之一。过去许多这样的系统是实验性质的，由图书馆员个人为其所在图书馆建立，后来一些商业公司成功开发了市场。过去这些系统设计用于书籍资料购买之后的馆藏处理。在1990年代，系统功能扩展到包括资料采购和期刊馆藏，于是现在被称为图书馆集成管理系统。所有资料类型的订单都可以进入系统，再通过验收、编目和流通来记录资料的走向。编目是流通系统的基础，因为条码或射频识别标签嵌入在该馆的编目数据中。射频识别主要用于有多个校区的图书馆，它可以在资料流通时更新位置信息。资料没有固定的馆藏地，可以从一个馆到另外一个馆，而目录数据会反映这一信息。电子储备资料通常也通过图书馆集成管理系统来管理。

　　由于图书馆集成管理系统供应商一直在不断变化，故此处不表。但是可以参阅美国图书馆协会《美国图书馆》（*American Libraries*）上的购买指南，其中突显了美国图书馆协会的企业赞助商，所以并非完全客观，但它仍不失为一个综合了技术和其他供应商的列表。大多数社区学院都和其他学院组成联盟或加入地区联盟，所以单个学院很少会对图书馆集成管理系统做决策。选择一家供应商不是一件简单的事，已有专著可以帮助相关人员查询这类问题（见 Webber，Peters 2010 ）。

获取编目数据的主要来源是美国最早的共享目录系统联机计算机图书馆中心。该公司现在使用免费网络产品WorldCat提供其会员馆藏的可搜索目录。图书馆必须成为联机计算机图书馆中心的会员才可以添加自己的馆藏或者编辑数据，使自己的馆藏能被别的会员搜索，从而促进全国性的馆际互借。像扬基图书销售公司以及贝克泰勒公司这样的书商可以提供图书馆所购买书籍的记录。像 Marcive 这样的公司可以为图书馆收集到的所有资料提供记录。此外，Marcive 及其竞争同行还可以帮助回溯转换数据以及和编目相关的其他工作，如将馆藏从杜威分类法转换成美国国会图书馆分类法。

许多小型图书馆利用免费或低成本的个人书籍收藏目录软件（例如GoodReads[①] 和 LibraryThing[②]）向外界分享其馆藏内容。这些服务不支持资料流通，但可以使读者在网络上查询到相关记录，而且是彼此互动的，读者可以就书籍或其他资料发表意见。它们还提供如书评、读者反馈和作者简介等额外的内容。一些社区学院图书馆使用这些系统列举新书书单，也使读者可以像在读书俱乐部一样分享反馈。

电子资源管理系统

图书馆集成管理系统最初用于处理书籍、期刊和杂志等纸质资料。电子

---

① GoodReads是书评网站，类似读书俱乐部。——译者注
② LibraryThing是通过Z39.50导入图书馆的数据进行编目并分享数据的网站应用。——译者注

资料的发展趋势使图书馆有必要使用另一个独立的系统，来运用密码管理所有电子阅读、记录数据库使用许可以及收集统计数据。电子资源管理的另一个重要作用是允许读者通过 IP 认证和代理服务器使用电子资源管理系统。它们还能记录各种期刊在各个数据库中的收录情况。这些系统大多都是现有图书馆集成管理系统的附属组件，但也可以单独购买。这些系统通常加载了有关常用标题的信息。

发现系统和联合搜索

为了使用单个搜索语句或查询来搜索图书馆数据库的所有内容，可以将超级搜索引擎添加到许多图书馆集成管理系统。这些附加组件起先被称为联合搜索引擎，但新一代的通常被称为发现系统。发现系统要求图书馆租用的数据库对搜索引擎开放，以便对其内容建立索引。索引主要依据标题关键词、主题词和作者。执行搜索后，结果列表将包含图书、期刊、视频和其他内容，而且通常提供指向全文期刊内容的链接。

尽管还存在一些问题（Kelly 2012），发现系统仍被广泛应用在高校图书馆中（Wang, Dawes 2012）。一些重要的数据库拒绝向这些系统开放，包括美国心理学协会重要的 PsycINFO 数据库。用户意识不到搜索结果会漏掉如此重要的索引及其期刊内容。当数据库共享主题词或词库系统时，发现系统会运行得更好。另外，冗长的搜索列表结果令一些用户头痛，他们难以在大批涌现的文档中发现最新的相关资料。易用性有决定性的优势，将带动发现系统进一步发展。

数字图书馆

数字图书馆、数字档案馆或数字博物馆是利用系统在网上展示被数字化的内容或原本就是数字形式的内容。美国图书馆使用最广的系统是联机计算机图书馆中心的产品 CONTENTdm。它使用记录结构，也称元数据方案"Dublin Core"，该结构简单而且相对直接。记录和记录标的以一种在标准书目中无法实现的方式链接在一起。

"元数据"一词会让外行人望而却步，因为这个词及其描述都来自计算机科学。然而，这其实是图书馆员一直以来工作的本质，即以结构化的方式描述标的物，以使其他人能找到。那曾经是书籍，而现在是数字化照片、文字和计算机文件。该结构可以包括诸如标题、主题和位置之类的简单字段，但是若要描述图像的技术特性及其生成方式时，它也可能会非常复杂。

数字化内容可以自制也可以外包。Lyrasis、联机计算机图书馆中心的一个地区性分支机构，提供数字化协作项目，可降低会员的费用。北卡罗来纳州有一个州政府资助的合作项目，由教堂山北卡罗来纳大学运营。馆内数字化制作适合小型项目，但如果不投资适当的设备、专业人员和良好的设施，就无法扩大规模，这通常对于单个社区学院来说是遥不可及的。

机构资料库

社区学院的机构资料库在第九章中有介绍。大多数小型学院都希望加入由多个学校组成的联盟，以组织和展示其教师的著作。一些图书馆集成管理系统供应商已经开发了附加组件，例如，Innovative Interfaces 有一个 ContentPro 的数字资产管理系统，可以用作机构资料库。

开源系统

专有系统的替代方法是使用如 Koha、Drupal、DSpace 或 Greenstone 等开源系统作为内容管理系统。这样做的主要缺点是管理这类系统需要专业知识。系统的安装和配置都需要网络和服务器管理知识。虽然学习难度并不是高不可及的，但是它的专业知识要求超出了通常图书馆员的相关知识能力。然而，一些大型系统已经解决了这个问题，例如，佐治亚州创建并管理了州内所有图书馆使用的 Evergreen 系统。

个性化信息组织和管理

图书馆员要了解自己的信息源，要知道如何教会别人去管理他们自己的信息源。关注新信息和管理已有信息是图书馆工作的标志。

最新内容提示工具

直到最近，简易信息聚合还是一种将报纸、博客、网络更新内容和期刊最新信息带到桌面的方法。移动应用程序是连接并监控网络经常性更新内容的最新方法。同时，管理应用程序也是图书馆员在帮助人们控制其信息方面的另一项职责。然而，到目前为止尚没有好的应用程序管理工具，大多数应用程序都按分类或产品显示，尽管看似有用，但很难识别哪些真正有用。本章结尾资源列单中的评论部分可能会对您有所帮助。

引文管理软件

图书馆员和读者除了及时了解新信息，还应该将阅读过的资料保存，以便正确引用。使用新版微软文字处理软件可以很容易地编写引文，但是更尖端的软件如Endnote（ISI[①]的产品）、Refworks（由 Proquest 提供）和Zotero（免费且开源）能够创建已读资料数据库，用户可以从数据库或网络搜索中添加新文章，可以是全文，也可以是引文信息。文章可以存储在资料管理软件中，以后通过搜索自己的数据库便可找到。引文可添加到文内，参考书目几乎可以采用任何引用格式创建——从美国心理学协会格式（American Psychological Association，APA）到现代语言协会格式（Modern Language Association, MLA）。

122

---

① ISI是Institute for Scientific Information的简称，为美国科学信息研究所，加拿大资讯公司汤姆森公司（Thomson）在1992年收购了美国科学情报研究所。2008年汤姆森公司和英国路透公司（Reuters）合并，所以Endnote应为汤森路透公司（Thomson Reuters）的产品。——译者注

其他有用的信息管理软件还有像 De.li.cious、Diigo、digg 和 stumbleupon 这类网站提供的社交书签和书目工具。WorldCat、LibraryThing 和 GoodReads 也可以用于共享重要的网站。需要说明的一点是，有些网络禁止社交媒介网站的使用，而这些网站基于相同的技术。如果馆员在使用这些网站遇到困难时，可同信息技术部门联系。

笔记软件及其他

微软的 OneNote 是最早允许全文搜索文档中任何内容的产品之一。它是一个剪切和粘贴网络资料，以及做会议记录的好方法。Evernote 是记笔记的云端解决方案，不仅如此，它还可以用来将照片、引文和数据库搜索结果建档备用（Miller 2010），通过从多台计算机和移动设备连接这款产品，用户可以整合其一天内创建的所有资料以备后用。

另外一种类型的工具是社交媒体编辑网站，例如 Storify。媒体编辑是对某一特定话题在博客和社交媒体上的巨量内容进行有意义的集合的艺术。Storify 及其他产品如 Pinterest，能让图书馆员遍及万维网提取信息并为读者进行有意义的筛选编辑处理。有谁比图书馆员更适合为读者做这件事呢？现在有 40 多种类似的产品可供选择，可以选一种您觉得容易使用的。

技术人员配备

具有硕士学位的工作人员在广泛应用技术方面应该有扎实的基础，这些相关技术大多已在本章中进行了讨论。调查问卷的反馈中提到了我们未涉及的两个领域，即网络管理和打印管理。的确，学习资源中心的主管有时会负责整个校园的信息技术，但是这些技术领域的人员配置应着重于信息技术，而不是信息的组织或利用。信息技术需要不同的培训，可以是学士或以下水平。解决这些问题的一种方法是为这些工作配备辅助专业人员；另一种方法是鼓励有图书馆学背景的员工，去参加一些本校开设的计算机或网络工程课程；还有一个解决方案，是在这些领域培养一名勤工俭学的学生，使其懂得图书馆和系统管理的需求，并在其毕业后雇用。

我的故事——成为一名系统馆员纯属偶然

我所在的社区学院是一个混合图书馆联盟的一部分。该联盟包括康涅狄格州当地的公共图书馆、小型学院图书馆和一些学校图书馆。我们知道当地图书馆有什么，但不知道其他社区学院有什么。由于无法在联盟内实现网络共享书目，我们和其他社区学院联合起来管理我们的图书馆集成管理系统，这要求我们馆内有一名系统馆员。我是唯一自告奋勇的人。我学习了一些复杂的关于数据库转换、自动验收系统安装和采购的知识。我从业十年了，但仍然未准备好应对这样难度的学习。然而，这一过程很有乐趣。现在我很高兴我做到了。作为一名社区学院图书馆员，您永远无法知道可能要做什么。

123

结束语

技术正在融合。图书馆集成管理系统现在可作为数字馆藏或机构资料库的内容管理系统。托管网站的站点如 dotCMS，也托管博客、推特信源（Twitter feeds）和本章各节中提到的其他社交媒体应用。在每一个可想到的图书馆服务上都有移动客户端大量涌现。保持您的技能与时俱进需要付出努力，但您可以从许多地方找到帮助。

帮助的主要来源是美国图书馆协会及其许多分支机构，其中与技术相关的有：

（1）图书馆和信息技术协会（Library and Information Technology Association，LITA）。该协会出版《信息技术与图书馆》（*Information Technology and*

Libraries），并且有一个名为"热门技术趋势"的列表[1]。

（2）图书馆馆藏和技术服务协会（Association for Library Collections and Technical Services, ALCTS）。发表网上期刊《图书馆资源与技术服务》（*Library Resources & Technical Service*）[2]。此外还举办许多有关处理图书馆集成管理系统和其他自动化系统的网络研讨会。

（3）美国学院和研究图书馆协会。该协会在网站上[3]发布自己在技术方面的见解。

美国图书馆协会的期刊《美国图书馆》（*American Libraries*）中有许多关于技术议题的文章。前面已经提到的《美国图书馆购买者指南》发布在其网站上[4]。美国图书馆协会也有网站 ALA techsource，网站上有前往《图书馆技术报告》（*Library Technology Reports*）的链接，每期50美元，也可以通过一些数据库获取。

其他有关信息技术的组织也对图书馆员有帮助。美国信息科学和技术学会（the American Society for Information Science and Technology, ASIS&T） 在其出版物《美国信息科学和技术学会会刊》（Journal of the American Society for Information Science and Technology, JASIST）上发表过关于这些主题的研究。教育信息技术协会（Educause）是一个在学院层面上的组织，换句话说，学校是教育信息技术协会的会员，其信息技术部门通常被指派为代表参加会议。他们的出版物，尤其是《教育信息技术协会评论》（*Educause Review*）非常有价值。教育传播和技术协会（Association for Educational Communication and Technology, AECT）代表其他 IT 教学技术。该协会和学校图书馆标准之间的现行关系，对于高校图书馆来说尚不明确。尽管如此，他们的出版物和研讨

---

① http://www.ala.org/lita/professional/trends。

② http://www.ala.org/alcts/resources/lrts。

③ http://acrl.ala.org/techconnect/。

④ http://ameircanlibrariesbuyersguide.com/。

会对于一些图书馆应用，尤其是在远程和在线教育方面还是有帮助的。

这些组织会不定期地举行网络研讨会，但是还有更便宜的学习通道，例如强新网。强新网（WebJunction）是一个在线和面对面的培训课程的交流中心。一些主要的技术供应商也提供培训，有时会到您所在的机构举办培训。

美国图书馆协会和州图书馆协会的年会期间，都有经销商在举办展览，馆员可从中了解有关技术的信息。每年一次的名为"图书馆电脑使用"（Computers in Libraries）的会议是由有关该主题书籍的领先出版商"今日资讯"（Information Today）所赞助，图书馆员和信息/教学专业人员在会议上做演讲，对有关技术的议题进行广泛的讨论。

值得关注的期刊主要有《图书馆电脑使用》（*Computers in Libraries*），《图书馆技术报道》（*Library Technology Reports*）、《美国图书馆》（*American Libraries*）（尤其是"网络图书馆员"和"技术应用"栏目），以及《图书馆杂志》（*Library Journal*）（含有"数字图书馆"专栏）。一些信息技术的出版物，如《个人电脑世界》（*PC World*）或者《苹果电脑世界》（*MacWorld*），也很有帮助，但是它们的重点不在于图书馆。CNET.com上也可以读到有关硬件和软件的颇为公正的评论。《高等教育纪事报》（*The Chronicle of Higher Education*）的黑客栏目（ProfHacker）对教学有帮助，也值得关注。

一些专栏作家在出版物网站上有自己的博客，值得关注，特别是罗伊·坦南特（Roy Tennant）、马歇尔·布里丁（Marshall Breeding）和约瑟夫·简斯（Joseph Janes）。许多同样有影响力的作家在推特上很活跃。值得关注的推特或博客的其他图书馆领袖人物有迈克尔·斯蒂芬斯（Michael Stephens）、阿曼达·古德曼（Amanda Goodman）和社区学院图书馆员特洛伊·斯旺森（Troy Swanson）。

第十二章　评　估

　　评估已经成为社区学院图书馆功能的重要而且不断发展的领域，它可以提供决策所需要的数据和证据。这些决策关系到资源的分配，关系到图书馆服务在所在机构中的成效，关系到为实现任务目标而争取支持。由于资源紧张，为了将注意力集中在可以带来最佳投资回报的地方，确定哪些物资、服务和投资重要，哪些不重要，对于社区院校来说尤为关键。这包括空间的利用、衡量学生获益于图书馆教学的成绩、资源购买、员工履行具体服务的能力，以及图书馆在学院范围内其他方面的参与或期望。

　　评估至关重要，因为社区学院在雇员的专业发展方面，在帮助学生做好准备争取更多的高级教育机会方面发挥着极其重要的作用。评估学生以及教职员工服务项目的有效性，符合认证指南有关持续生存和支持的要求。它可以显示图书馆在实现学院的学习目标中的参与作用。通过制订和执行涵盖众多方面的评估计划，图书馆员可以进行有效的变革，或者追求更加有效的行动方针，与此同时，提供机会为变革争取所需要的资源或者服务。

　　在定义任何一个给定项目的评估活动的目的时，应该考虑图书馆在校园内的总体作用，以便评估工作具有针对性。例如，图书馆对于校园内不同的群体有着不同的意义。图书馆把具有各种信息需求的人集聚在了一起，使他们通过实体或虚拟方式使用资源和服务。这说起来容易，做起来就复杂了，因为图书馆员必须考虑人们不同的需求，资源不同的特性，格式不同的种类，物理空间和利用，虚拟和远程的需求和期望，更不用说这里提到的任何或所有因素都在持续不断地发生着变化。

图书馆可能扮演着其他一些无形的角色，例如促进知识学习或知识转化。这其中包括，如何创建促进学习活动的环境，馆员如何与读者互动，如何为读者提供使用资源的方法指导，以及如何将信息素养作为可终身使用提高的技能来传授。所有这些机遇都为衡量和评估当前的状况提供了充分的理由，以便未来的活动得以改善，效率得以提高。

有目的的评估

有目的的评估表明，图书馆作为一个机构，有意于发展和改善其服务、设施、员工和资源，以及由利益相关者考虑是保留还是取消的任何其他活动。我们建议图书馆主动做评估，而不是迫于外部的压力，为纠正问题不得不做。制订评估通常需要考虑三个方面的问题：

（1）目的——要评估和改进的内容；

（2）方法——评估此特定目的和报告策略的最佳方法；

（3）结果——使用结果或数据的最佳方法。

基本要素始于目的或问题陈述，它应该提供评估的背景以及评估的缘由或原因。大多数问题陈述应该代表利益方的观点，并且包括评估内容和重点范围。背景有了，如果有必要，还要有相关的历史背景。此处应陈述或包括有关问题的局限性。局限性陈述不应该是对局限性存在的开脱解释，而应该本着开放透明的态度，这样才能对局限性有真正的了解，才利于进步。

在这一点上，文献综述很有帮助，尤其当讨论牵扯多个问题时，通过评审和总结相关或相似的活动，可以寻求指导或最佳的方法。在过去的五至十年中，专业的评估活动有所增加，相关文献中也有许多可以借鉴学习的例子，也有例子要根据具体需要加以调整。搜集次要数据或辅助数据同样很重要，这些数据可以用于支持评估的目标或问题。例如，在研究建筑大楼的使用情况时，资料流通统计以及图书馆入口人次统计就为评估其他属性提供了背景数据。

　　接下来，确定评估目标很重要，这反过来又有助于缩小研究问题的范围。例如，一个关于馆舍改造的问题陈述，可能以确定读者在学习或小组活动时的家具需求作为评估的目标之一，或者实施图书馆教学评估的目标可能是确定学生是否学会了恰当地评估资源。开放式评估存在着问题，因为如果收集信息过于广泛就有可能失去重点。

数据类型和方法

　　如前所述，辅助数据和支持数据有助于定义评估需求，并将重点放在需要了解的新数据上。评估方案就像一个研究项目，而收集数据是写结论和采取行动的基础。将所有不同来源的相关数据进行整合非常重要。数据的类型包括以下几种：

　　（1）主要数据，第一手采集的、包括在评估中收集的数据：

- 实验或测试；
- 调查；
- 访谈；
- 焦点小组座谈；
- 直接观察。

　　（2）辅助数据或支持数据，通常由他人收集或者是文档处理的结果：

- 二手收集或生成的报告；
- 历史数据；
- 购买的数据；
- 专业出版物；
- 与同类机构进行基准比较的数据；
- 最优实践比较的数据。

获取用于评估目的的原始数据的常用方法包括调查或问卷调查、访谈、焦点小组座谈和观察。每种方法都有优缺点，在确定评估策略时应仔细考虑。选择的方法应反映问题所在的环境以及所需数据的格式。

调查或问卷调查是图书馆评估中很流行的方法之一，因为它们是收集大量反馈的最为经济有效的方法。美国研究图书馆协会的LibQUAL 使用的就是这种方法，美国研究图书馆协会通过这个方法可以创建一个庞大的基准数据库，参与评估的学校可以将自己和这个数据库相比较。它们的另一个优点是，数据通常是匿名收集的，可能带有某些人口统计的组成部分，但是不会识别个人身份。调查或问卷调查可以同时在不同地方快速而简便地进行。基于研究的需要，这也可能会有缺陷，因为调查是非个人的，并且可能缺乏从更深或更广的角度（例如与焦点小组或个人访谈）所需要的细节或解释。

另一种流行的评估方法是与利益相关方进行焦点小组座谈，他们熟知您想知道的信息。焦点小组比单独的访谈可以获取更多的数据，因为您一次就可以同时访谈多个人，并且还可以从小组互动中受益，因为这可能会得出以前未考虑的观点。焦点小组的一个重要组成部分就是非语言线索，有经验的主持人可以用它们来"深挖"有关主话题的信息或观点。通过与小组共享信息或者辅助数据，焦点小组座谈也可以被用作教学方式，从中获悉的评论和回答可以是现实有用的，所得数据可以用于创建解决方案。

个别访谈提供了更多的个人经历，使得研究人员获得更多的细节并更清晰地探讨问题。尽管问题需要规范化，但自由联系的空间使问题的跟进和澄清成为可能。这些问题可以提供从群体回答中根本无法获得的更深入的见解，并可以通过轶事、故事和描述性示例将获得的数据置于正确的上下文当中。如果考虑其他因素的话，那么访谈方法需要更多的时间，成本也更高，并且会减少访谈样本的数量。对于一个经验丰富又不存偏见的面试官来说，能够运用所有可能的方法来主持访谈也是很重要的，并应本着鼓励广泛想法和观点的原则挑选受访者。

128

观察性研究是图书馆中使用较少的评估形式，但在商业环境中很受欢迎。许多市场研究是通过观察方法进行的，最著名的例子之一是帕科·昂德希尔（Paco Underhill），他写了畅销书《为什么我们购买：购物科学》（*Why We Buy: The Science of Shopping*）。观察性研究去除了数据中的情感成分，因为通常情况下，研究人员观察的是参与者没有意识到被观察时的自然行动或行为。昂德·希尔的公司专注于使用观察来记录人们对产品或环境的自然或本能的反应，并向公司提供数据来影响产品的设计、摆放和对客户的整体吸引力。

在社区学院环境中，观察性研究的用武之地可能是，有限资源的使用方式以及如何更有效地得到使用。观察应以可观察到的行为清单为基础，并由经过培训的观察人员在不同的条件下实施。观察人们如何使用图书馆，如何彼此间互动，与图书馆员互动并且如何学习。这个过程对于图书馆成为有影响力和有声望的组织有着重大的意义。

另一种很少使用的是沙盒（sandboxing）技术[①]。沙盒技术涉及在全面实施之前对概念或服务的测试，以便在做出更大承诺之前对价值和使用进行判断。这种技术也可以与负责调查特定现象并利用沙盒评估来帮助制订行动方案的工作队相结合。

一些图书馆组织已使用专家研讨会（尤其是在空间评估中），使利益相关方在设计或策划活动中既有发言权又有投资。此方法会出现数据重叠的情况，但也会突显受欢迎的选项或与最初设想不同的看法。无论采取哪种方式，都有助于将利益方吸入项目过程和对话中来。

最后，关于评估方法，永远不要低估聘请专家取代自己做事的可能性。聘请专家通常比较昂贵，但是根据情况和目的，具有该领域研究经验的专家

[①] 沙盒技术是一种计算机虚拟技术，在开发软件过程中建立的和外部环境隔离的测试环境。——译者注

和资格证书可能会改变人们对评估结果的看法，并在争取资源时，提供额外的支持。有时，在社区学院环境中，外部专家可以帮助解决更广泛的社区利益相关方的问题。

使用结果

评估的目的决定了评估结果的利用方式。结果的发布同评估方法的制定和评估问题的陈述一样，应该经过周密的考虑。评估旨在提供无偏见的事实或数据，并提供处理情况或问题的客观方法。结果应该不带偏见或情绪，这可以使评估人员摆脱周围的政治因素。有时这被称为以证据为基础的决策，其中根据评估数据做出的决策会引用数据提供的证据，而不是相关人员的意愿。

反对的观点可能会引发冲突，而良好的评估数据有利于消除潜在的对抗性局势。好的评估针对问题而不针对人，所有的观点都以评估中获得的证据为支撑。结果质量是实现和执行过程中要考虑的因素，例如：

（1）您收集数据的总体目标是什么？

（2）您问了哪些问题，这些问题对于您获取所需信息来说是正确的问题吗？

（3）您的听众是谁，应该从广义上还是狭义上确定？

（4）您有哪些可以和评估项目一起使用的次要信息？

（5）多少资金可用于评估项目？这可能是确定评估范围和实质的一个因素。

（6）您的评估项目是否设计得有效益？是否可以根据参与者的时间和精力来影响质量？

从历史上看，定量结果评估是为了质量认证、资格认定或满足图书馆协会相关标准要求。随着机构使命的改变，和有关采用不同评估方式以获得不

129

同观点呼声的兴起，量化措施已经过时。在当今的环境中，评估产生的结果需要反映出我们的用户对服务质量的看法。社区学院图书馆应遵循标准，各个机构可以根据这些标准评估学生、教职员工以及其他用户群体的需求。

　　成功的评估项目不是一劳永逸的活动，而是随着时间的推移，系统地解读用户的反馈意见，并制定机构自己衡量成功的基准的活动。持续评估还可以帮助组织确定跨类似机构的最佳实践，并为组织发展提供变革文化，以确保长期的持续进步。

LibQUAL+和其他

　　如前所述，LibQUAL+是美国研究图书馆协会开发的调查工具，旨在帮助图书馆界进行征集、跟踪、理解用户对所获服务质量的看法，并对此采取行动。由于成本原因，许多社区学院图书馆以团体或联盟的形式进行调查。该项目的核心是经过严格测试的基于网络的调查，并附带培训，以帮助图书馆评估和改善图书馆服务，改变组织文化并推销图书馆。LibQUAL+的目标是：

　　（1）培育卓越的图书馆服务文化；

　　（2）帮助图书馆更好地理解读者对图书馆服务质量的看法；

　　（3）长期系统收集并解读读者的反馈意见；

　　（4）为图书馆提供来自同行机构的可比评估信息；

　　（5）确定图书馆服务的最佳实践；

　　（6）强化图书馆工作人员的分析和处理数据的能力。

　　参与LibQUAL+调查的一大优势，就是它已经采集到的数据量为分析结果提供了基准数据。已经参与LibQUAL+调查的有1000多家图书馆，其中包括许多社区学院图书馆。随着时间的推移，该工具已经得到优化，变得更为简明有效。

正在出现的其他形式的评估包括：近距离观察图书馆服务中有关人的方面，评估学生在学习和学术活动中表现出的特性和特点。人种学是人类学的一个分支，它观察并描述我们选择认同的特定文化。这就使我们能够评估人的特质，例如学习习惯、资源的评估和使用，或者教育工作的后勤特征（以便其提供的服务、设施以及运营活动有更深层次的结果）。这一领域的里程碑式的著作是福斯特（Foster）和吉本斯（Gibbons）2007年出版的《研究学生：罗切斯特大学的本科生研究项目》（*Studying Students: The Undergraduate Research Project at the University of Rochester*）。这一类研究是很好的例子，证明了运用人种学的评估方法，能够显示图书馆服务及资源与学生和其他用户之间更加紧密的联系。

我 的 故 事

我以前是零售商店的经理，接受采用观察的方法去影响图书馆环境内部的决策。例如，在进行空间评估研究时，我们对在参考咨询部使用资料的学生进行了观察研究。我们观察到使用图书馆资料的学生比例非常低，他们主要使用从馆外带来的资料。结合其他次要的相关数据，我们得出结论，在这种情况下，需要学习空间的学生不一定需要使用纸质资料。反过来，这一发现影响了有关减少纸质馆藏规模的决定，从而为学生提供了更多的学习空间。

结 束 语

在费城举行的2011年美国学院和研究图书馆协会大会上，哥伦比亚大学的詹姆斯·G.尼尔（James G. Neal）发表了他的论文《停止愚蠢的行为：投入产出比的错乱和大学图书馆成功的新定性度量的需要》（"Stop the Madness: The Insanity of ROI and the Need for New Qualitative Measures of

Academic Library Success")。他在文章中主张放弃定量手段，例如观察数字、藏书量、到馆人数、上信息素养课人数等，他主张转而关注读者和读者的需求。这是对评估数据增长趋势的一种反应，该趋势旨在在预算紧缩时期证明费用合理。他提醒我们要做对我们的任务来说重要的事情。

131　　　评估工作费时又费力，有的评估方法和范围还需要资金。可是评估对于图书馆很重要，评估工作可以评估图书馆为完成所在机构的使命所做出的贡献，评估维护图书馆或提高其可持续性发展所需要的资源。特别是，社区学院迫切需要做出艰难的经济决策，它要展示一个能够证明自己对学生、对学习和对教职员工都有影响的图书馆。

第十三章　如果您是主管人员

　　第七章讨论了领导力的问题，即个人成为领导的问题。一个领导并不一定就是经理或者主管，而是凭借人格魅力或是人际关系方式即可以对别人产生影响的人。领导员工与督导或管理他们不同，然而有时候，您可能要同时充当这两种角色。本书最后这一章，就是为那些主管他人（或者说与他人是比较正式的领导被领导的关系）的人而写的。这里涉及的是基本的主管技能，以及战略规划对图书馆可持续发展的重要性。

　　大多数组织将主管和领导区分开来，称主管为一线人员，负责完成短期目标以及分配给个人或小组即时任务；称领导为管理者，参与长期的战略规划。社区学院图书馆的情况根据其组织规模的不同而有所不同。较小的部门可能就只有一个人，同时担任这两种角色。较大的部门拥有多个组织部门的图书馆，则会有一大堆的主管人员和几位负责与所属机构或社区建立战略联系的行政管理人员。主管人员的职责通常包括以下几个方面：

　　（1）明确他人的角色或工作任务：

　　• 分配任务；

　　• 解释工作职责；

　　• 设定业绩期望。

　　（2）监督服务情况：

　　• 检查进展；

　　• 解决问题；

　　• 检验工作质量。

（3）指导和评估个人和部门的表现。

134

（4）做短期计划或确定如何使用人员和其他资源：

• 安排服务台时间；

• 分配书籍返架责任。

（5）做出影响他人的决定之前，征询相关人的意见：

• 鼓励他人参与决策；

• 采用他人的想法和建议。

（6）给予支持或理解：

• 对不安或焦虑的人表示同情和支持；

• 在他人工作任务困难或压力大时给予鼓励和支持。

（7）肯定和表扬好的工作表现、显著成绩、特殊贡献和绩效改进。

（8）提高业务：

• 提供技能发展机会；

• 帮助人们学习如何提高技能。

（9）授权或允许他人在工作中承担实质性的责任和自由裁量权，换句话说，信任他人在未经获批的情况下解决问题和做出决定的能力。

（10）通过挑战使人们对自己的设想提出质疑，根据工作需要，寻求更佳的工作方式，以此来鼓励人们进行创新。

总的来说，主管的目标是与其他人一起工作，最大限度地提高他们的绩效，从而提高个人效率和组织效率。那么，领导是做什么的呢？领导者是向外部机构汇报工作，并为整个组织制定战略目标的人。

技　能

主管人员强大的技能一般体现在以下三个方面：技术技能、智力技能和人际关系技能。技术技能是指与正在进行的工作有关的技能；智力技能与更高层次的思维有关；人际关系技能是与他人互动和建立关系的技巧。这些不同方面的技能的组合可能与我们对主管个人的工作知识的期望有关。例如，技术服务领域的主管，要比公共服务领域的主管具有更高的技术技能；公共服务的主管可能需要更多的人际交往技能。当然，这因组织机构而不同。但是，认识到这些差异，对于责任分配和人员雇用都是必要的。

技术技能包括对相关技术领域的知识以及所使用技术的一些历史或背景知识。这些知识有助于主管人员解决问题或排除故障，并且针对这些问题和解决过程培训新员工或其他员工。回过来再看技术服务，该领域的主管人员可能需要对联机计算机图书馆中心或其他一些图书馆集成管理系统有资深的经验。

智力技能对于主管人员来说非常重要，因为这正是令他们与别人不同的地方，是他们用以引领组织完成任务，或者产生结果的能力。这些技能包括：

（1）规划——构建执行任务或收集资源所需的基础设施；

（2）组织——系统组织任务和人员，以完成任务；

（3）控制——监控行动进度以进行更改；

（4）解决问题，制定决策——解决在工作或提供服务的过程中发生的问题；

（5）协商——争取所需资源，酌情妥协；

（6）时间管理——确保事情按计划表进行并及时回应利益方要求。

人际交往技能直接作用于其他人，并影响组织的运作方式和目标的实现。这些技能对于主管人员和管理人员而言都很重要，使他们能够最为有效地推进组织的重要工作。这些技能包括：

（1）沟通——提供或交换往往对完成工作至关重要的信息；

（2）委派——与他人共同承担或分摊工作，包括完成任务所需要的信息或培训；

（3）协商——交换不同的观点以达成有关各方都满意的结果；

（4）激励——给予所有执行任务或提供服务的人以实现特定结果的鼓励和愿望；

（5）团队建设——确定要实现的共同工作要素或目标，以便人们为更大的利益合作工作；

（6）奖赏——认可他们的工作和价值，以正面地强化他人努力的价值。

所有这些技能对于培养优秀的主管人员而言至关重要。许多技能是在工作中或在困境中学会的，因此并不总是能被均衡地运用。

传统上，图书馆学校并没有将太多的精力放在主管、管理或领导技能的内容上。图书馆的主管人员通常是从事服务工作时间最长的工作人员，或者随着时间的推移追求更大权限的工作人员。因此，主管技能的培训并不是持续进行的，或者说根本就不存在。许多教育系统、图书馆系统、行业协会以及同行发起的团体，已经开始为培训良好的人际能力投资，这些技能可以发展成为主管技能。

自我培训也是一个选项。塞缪尔·塞尔托（Samuel Certo）的《督导管理：原理与技能训练》（*Supervision: Concepts and Skill-Building*），是一本学习如何督导他人的绝佳入门书（2013）。塞尔托认为，积极的态度是成功的主管人员的特征之一。雇员通常反映了负责人的态度，这应该是一种全方位的督导方式。作者还罗列了其他的成功特性：

（1）成功的主管是忠诚的。作为管理团队的一部分，他们必须采取对机构最有利的行动。

（2）成功的主管是公正的。厚此薄彼，处事不公，会使主管失去员工的支持和尊重，使其不能有效地履行职责。

（3）成功的主管也应该是良好的沟通者，以确保始终如一地履行职责。

（4）上级主管必须能够下放权力，即赋予员工进行活动的权力和责任。

（5）成功的主管还必须热爱这项工作，不以要对他人的行为负责而感到负担。

无论如何研究和改进主管技能，如果把您放在主管的位置上，有所作为总要好过无所作为。利用学习的机会反思成长将有助于新的主管人员提高管理员工的能力。

几点需要考虑的问题

关于在社区学院图书馆环境下做主管工作，有两点值得引起我们的额外关注，那就是冲突和代际问题。社区学院图书馆的多元化因素会导致冲突的发生，需要有人调解或运用丰富的经验解决冲突。您在工作场所看到的社区学院的图书馆员工，他们年龄差异大并且见识各不相同，这可能会给主管人员带来问题或担忧。

库珀（Cooper）和西格玛（Sigmar）（2012）最近的一项研究有关主管人员在处理冲突时应该首先考虑的问题。他们讨论了员工对主管提出的建设性意见，或者纠正性的意见的看法，以及主管怎样做才最为有益。这个问题在图书馆中尤为重要，因为图书馆中通常存在着亲密的员工关系。他们总结说，主管人员应该在如何应对冲突的问题上接受一些培训，并且发展自己这一方面的技能。这些问题最终会影响整个组织的文化。他们的研究结果还指出了其他的一些重要因素。

员工不只是在做错了事情，或需要谈话纠正错误时才重视反馈，正面的和正能量的反馈比导致冲突的负面反馈更有效。该项研究的作者还总结道，员工和具有参与式管理风格的主管双方都看重同情和尊重，这种反馈能够使员工感到，他们受到了公平的一视同仁的对待。库珀和西格玛（2012）下结论说，倾听技巧对于主管来说，尤其是面对冲突的时候，尤为重要。旁引13-1是有关提高倾听技能以及其他主管技能的参考资源。

137

> **旁引 13-1　推荐资源**
>
> 免费管理资料库（Free Management Library）——如何提高倾听技能
> http://managementhelp.org/communicationsskills/listening-skills.htm
>
> 学生大学准备情况评估工具库（Student Readiness Inventory Tool Shop）[①]
> http://www.act.org/engage/studentguide/pdf/ImproveListening.pdf

　　另一个需要关注的问题是工作场所中的代际问题。如前所述，社区学院（包括图书馆在内）是由不同年龄段的工作人员和勤工俭学的学生组成的，这一点可以改变主管人员所采用的方法，以达到期待的效果，因此它有考虑的必要。2010年视频资源协会（Visual Resources Association，VRA）的年会上，特别是普利茅斯州立大学的珍·格林（Jen Green）提交的一篇题为"工作中的千禧一代：重新构想沟通，改进培训"（"Millennials at Work：Re-imagining Communication in Order to Improve Training"）的论文中，有一些很好的例子。格林与勤工俭学的学生通过不同的方式，尤其是通过脸书，进行沟通，得出的结论是：如果能够放开心态，鼓励学生参与到沟通的过程中来，那么采用新的模式和程序与不同年龄组进行交流就是可能的。类似的研究还可以在迈斯特（Meister）和威尔约德（Willyerd）（2010）有关指导千禧一代的文章中找到。

　　对于任何从事主管工作的人员来说，关键是要认识到不同世代的人带来的价值，并且学会如何沟通，如何与机构中的其他人分享他们的优点。许多组织举办了关于如何在存在代际差异的情况下有效工作的研讨会和演讲。第一步是要认识到，所有这些年龄组，在如何被对待的问题上，都有自己不同的观点、经历和期望。塞尔托（2013）在书中提出了相同的督导原则，可以应用于不同世代的人群，然而，应用这些原则的方式方法可能有所不同。

---

　　① 学生大学准备情况评估工具是美国大学入学考试（ACT）的评估工具，用来心理方面预测学生大学学业表现和能否续读不缀学。——译者注

领　导

督导什么时候就成了领导了呢？组织内部人员的管理与组织的领导有显著的区别。领导意味着制定愿景、目标和任务，并在更高一层机构代表和提倡所领导的组织。而主管是关于实现这些愿景、目标和目的，并且利用前面提到的技能有效地推动组织的发展。

在社区学院图书馆里，领导可以是对他人有积极影响，并且专注于推动图书馆和所在机构同步发展的人。领导的功能可以通过在整个校园范围内建立关系，或与图书馆的教职员工读者建立关系来实现。如果每一个人都为共同的目标而努力工作，那么一个小型图书馆也可以拥有多位负责人。

领导在形式上也承担着责任。他负有对应和某个正式职位（如馆长或主任）相伴而生的职责，也负有对个人和图书馆作为组织的具体表现的期望。主管和负责人有义务遵从正式领导的权威，但也可以寻找途径向组织提出建设性的意见，而不仅仅是向下属提出反馈意见。亚伯拉罕·扎莱兹尼克（Abraham Zaleznik）在他发表在《哈佛商业评论》（*Harvard Business Review*）上有关经理和领导的经典文章中，讨论了领导者的地位以及成长方式。他写到，领导者还必须提高其应对高层冲突的能力，并培养在冲突中保持远见卓识所需要的可信度（2004）。

领导人应对高层冲突的能力在社区学院图书馆环境中很重要，因为图书馆领导者必须能够争取到所需的资源，而且必须在图书馆内公平地协商并分配资源。随着他们在职业中一步步迈上领导岗位，他们必须提高应对挑战的技能，以维护自己的领导和决策权威。其中要考虑的一个问题就是，作为一个领导应该如何进行战略规划。

138

战略规划

领导者应该有战略，这意味着领导者应该制订日常活动行动计划，以影响对图书馆的更广阔视野或使命的期望。领导者应该分析当前的形势，因为这与他们最终要为上一级机构实现的目标有关。领导者有战略会影响到督管工作，因为它推动了要执行的工作以及工作效率。一个机构的整体成功与领导者采用的战略，以及主管人员对流程的管理能力有直接的关系。社区学院图书馆在这一方面也不例外，战略规划可以成为向学校行政管理机构寻求资源和关注的决定性因素。

好的领导者会让他的团队全面参与制订战略规划。制订战略规划首先要分析目前的状态或形势，以及考虑如何适应学院的大计划。一个很好的方法是明确图书馆在学校的地位以及学术圈对图书馆的期望范围，让图书馆团队有机会观察图书馆对学院的整体影响。了解整个社区学院的优先事项，是图书馆制订活动、服务和资源分配计划的最有力的依据。

下一步是确定资源和新出现的趋势，以决定优先考虑的事项并做出必要的更改，将资源和注意力集中到最重要的领域。这战略规划中最可能产生冲突的阶段，包括传统做法和方法的代际差异。这就是为什么，关注趋势或扫视领域的环境，有助于提供所需信息，以做出正确的决定，这也为持续审视进行中的规划和调整奠定了基础。从第十二章讨论的评估活动中获取信息有助于指导战略规划的制订。

埃莉奥诺拉·杜比茨基（Eleonora Dubicki）为美国学院和研究图书馆协会出版的《学院图书馆战略规划》（*Strategic Planning in College Libraries*）提供了美国各地25个战略规划的示例（2011）。该资源为在一个变化的世界中满足对未来图书馆的需求提供了好的思路。

我的故事

我在从事零售经理职业生涯22年之后获得了图书馆学的学位，这段经历的意义就在于管理和领导的经验。我在图书馆做过的所有工作，都集中体现了我从这段零售工作中获得的主管负责人和领导的经验和技巧。我在成功转型的过程中，看到有人因为没有这种经历而挣扎。图书馆，尤其是社区学院图书馆，需要有能力的主管人员带领员工来推进需要进行的工作和服务，也需要有能力在学院内倡导图书馆地位，为图书馆制订战略规划的领导人。然而这不会轻易地发生。追求和发展主管技能和领导理想，对于领导力量的长期发展和组织的可持续性发展非常重要，它对于图书馆管理的重要性就更不必说了。

结束语

许多人纯粹因为偶然而成了主管人员：他们年长、具有精湛的技能、别人沉默的时候他们会站出来说话。一个强大的组织通过周密的领导和有的放矢的计划，可以产生主管人员，去制订和执行战略计划，促进图书馆的发展，以确保图书馆在校园中的地位。社区学院正在为美国的高等教育做出重大的贡献，社区学院图书馆需要优秀的领导力量来确保图书馆参与其中。

附录A
美国博物馆与图书馆服务院2010年启动资金申请书

北卡罗来纳大学（格林斯伯勒）：社区学院图书馆员教育
（Educating Community College Librarians，ECCL）
项目名称：ECCL：强化社区学院图书馆工作

意向说明

北卡罗来纳大学（格林斯伯勒）（UNCG）图书馆学情报学①硕士专业
（Master of Library and Information Science，MLIS）提出资金拨款申请，目的
是促进社区学院图书馆②的继续教育。此项目为劳拉·布什21世纪图书馆员
规划的第六优先领域。UNCG最近被列入卡内基基金的社会服务选择性分类
单位。它的图书馆学情报学硕士专业和美国东南部的社区学院图书馆将会共
同努力倡导社会服务的发展。ECCL：强化社区学院图书馆工作的目标就是
要建立国家认可的继续教育和图书馆学情报学硕士课程，加强在职馆员的职
业水准，并培训准备在这些独特的机构开始充满挑战的职业生涯的图书馆学
情报学硕士教育项目的学生。实现这些目标的具体目的是：

---

① 个人建议information译为"信息"更好，但是由于中国长期以来使用的"情报学"
学科名，本书将其译为"情报"。——译者潘俊林注

② 本文中的图书馆工作、图书馆员和图书馆将既用于图书馆也用于学习资源中心。

（1）为培养21世纪的社区学院图书馆员，研究创建一系列图书馆学情报学硕士专业的继续教育模块。ECCL将采用参与和合作的DACUM（Developing A CUrriculuM）方法，创建继续教育模块，以满足社区学院图书馆独特的迫切需求。继续教育模块的设计旨在帮助现任社区学院图书馆员应对其职责的不断变化。

142

（2）在参与的社区学院内采用教学—馆员—教员的实习模型，帮助图书馆学情报学硕士毕业生入职，并且强化在职馆员的职业水平。教学—馆员—教员的实习模型已经在UNCG大学图书馆和图书馆信息学系之间作为联合项目试行过。在本项目中，这一模型将用于发展在职馆员的督导技能，同时在有薪实践经验中给学生提供深入体验式的学习机会。

（3）图书馆学情报学硕士学生课程。继续教育模块将开发为在线课程，以此为基础组合并强化纳入图书馆学情报学硕士课程建制，通过信息科学网络教育（Web-based Information Science Education，WISE）联盟在全美范围内提供。

（4）培训未来的社区学院图书馆员，并帮助在职社区学院图书馆员更新技能的教材。以继续教育模块和课程的教学资料为基础编纂教材，用于项目持续发展。

需求评估和预期结果

背景

近年来，美国高等教育中社区学院的重要性重新得到关注，例如奥巴马总统的白宫社区学院峰会以及随之而来的有关《加强社区学院建设，满足美国技能需要》（*Building American Skills by Strengthening Community Colleges*）的声明。皮尔研究中心（PEW Research Center）对2008年的入学趋势进行了分析，发现全美范围内的入学率在上升，并指出接近40%美国人口的"全日制"高等院校入学率在很大程度上要归功于社区学院入学率的增长（PEW 2008）。美国社区学院的历史可以追溯到1901年，其数量从1974年到2006年增加了17%，在2006—2007年达到1045所（U.S. Department of Education 2008），而根据卡内基分类数据库的搜索，这个数字可能达到1078所。实际上，图书馆的数量可能超过了这些数字，因为许多学院有多个校区，因而有多个图书馆。仅在北卡罗来纳州就有59所社区学院，其中许多学院有多个图书馆。北卡罗来纳州最大的社区学院，中部皮德蒙特社区学院拥有30 000名学生和7个图书馆。

多元化的学习者

社区学院不同于四年制高校，为了了解这对服务于社区学院的图书馆员的影响，ECCL的成员在过去一年中一直在共同开展一个名为"定义社区学院图书馆员"（Definning the Community College Librarian, DTCCL）的项目。该项目启动了一项调查，调查了社区学院图书馆工作中存在的广泛问题，包括劳动力、资源和管理问题。全国社区学院在校生大约有620万人，这些学院满足了社会服务不足的那部分人群的需要。例如，在2005年秋季，19%的社区学院中，入学的少数族裔学生占整个入学学生数量的最大比例；在公立四年制高校中，入学的少数族裔学生只占15%，在私立非营利性四年制高校中只有10%（Provasnik, Planty 2008）。在2008—2009年北卡罗来纳州的统计数据中，学校上报有25%的学生自认为黑人，3.8%为西班牙裔，4%为多种族或混血族群。年龄范围也相当广泛，在16岁—70岁这个年龄范围，只有51%属于18岁—24岁年龄组。在全国范围内，有64%的学生满足非传统学生定义的其他参数，这意味着他们在经济上独立、在职、单亲或有受抚养人。

图书馆工作人员的组成缺少多元化，这已经得到了充分的证明（Davis, Hall 2007），但是，统计数据并没有区分不同类型的高等教育机构。这一统计数字和社区学院教师中非白人只占15%—20%的事实形成了鲜明对比（Bird，Crumpton 2010；Marshall，et al. 2005；Provansnik，Planty 2008）。史密斯（Smith）（1999）认为，增加教师队伍的多元化可以提高少数族裔的入学率；图书馆的多元化也同样有帮助作用，尤其在提供信息素养教育方面。在DTCCL的调查中，只有7%的回复者认为自己不是白人。

独特的使命与管理体制

社区学院有多重任务，这证实了它们在高等教育机构中独一无二的性质。社区学院已经被公认为是劳动力培训和再培训的主要场所。比尔和梅林达·盖茨基金会（Bill & Melinda Gates Foundation）正在资助研究提高社区学院毕业率的各种方法和项目。此外，社区学院提供基础技能培训、范围广泛的社区培训项目，最近又增加了初高中大学计划，向希望取得高中—专科混合学历的高中生提供此类课程，例如医疗保健专业。在DTCCL的调查中，74%的参与者回答他们学校已有这样的项目。

图书馆难以满足这些职业类别课程的需求。在DTCCL的调查中，图书馆员被问及信息素养计划是否满足职业课堂的需求时，37%的人回答"否"。

社区学院图书馆的结构与四年制大学的图书馆结构不同，他们长期以来拥有各种各样的行政结构，这一情况从改名为"学习资源中心"就开始了。这个名称与学校图书馆中常用的"媒体中心"称谓一样，旨在传达"一个可以找到书籍以外其他资源的地方"的意思。此外，在一些体系中，这一名称意味着图书馆的传统功能与更注重学业成功的部门的结合，如辅导、测试和教学技术。尽管这些趋势在博恩（Born），克莱顿（Clayton）和巴拉什（Balash）（2002）的职务说明和组织图示中有很明显的体现，但这并不足以为课程开发提供足够的信息，因为它没有推荐一个最佳的实践模型。DTCCL的调查显示，尽管73%的回复者归教务部门领导，但是也有20%的人归教学技术部门所管理。还必须指出，许多社区学院图书馆都是由极少数受过专业

144

培训的人员管理，有时一个图书馆只有一名图书馆学情报学硕士。

培训需求

社区学院图书馆员所需的技能并不独特，但是对这些技能水平的需求可能是独一无二的。社区学院图书馆员培训的重点领域是：

（1）工作面向多元化的读者群体。如上所述，多元化包括非传统的年龄、悬殊的能力，以及由于吸纳第一代大学生生源而导致的种族、语言和文化差异。

（2）劳动力和终身学习问题。所有图书馆都是终身学习的中心，但社区学院的服务超越了学院的范围。他们的服务对象有时是那些只具备最基本中学水平的学生，要帮助他们做好准备去完成本科学位，或者去应对一个要求灵活性和责任心的不断变化的工作环境。

（3）初高中大学计划。兼顾年轻的初高中学生和成年人学生的需求的挑战，使得社区学院图书馆比其他大学图书馆更多地与公共图书馆结盟。

（4）远程教育项目。越来越多的学生选择在线课程，这虽不只是社区学院面临的情况，但它确实是对社区学院图书馆员的严峻挑战，因为具有专业水平的馆员人数太少。在维持面对面服务的同时图书馆还要为校外的学生提供支持服务，这对任何工作人员都是巨大的压力，尤其他们还兼有许多其他的职责。

（5）工作人员少。和许多其他高校的情况不同，社区学院图书馆员比许多教师和行政管理人员的学历还要高。但是，与此同时，许多社区学院只有一位具有资格的图书馆员。这意味着社区学院图书馆员要承担比四年制高校的图书馆员更为广泛的职责。他们必须通晓从采购到系统管理的所有知识，并且还要进行教学和教学设计。

根据DTCCL调查的初步结果以及随后的焦点小组座谈的情况，培训需求可能包括：

（1）管理技能——治理问题，项目和绩效评估；

（2）行政技能——写资金申请、宣传、公关；

（3）个人技能——情商、咨询、文化能力、人际关系；

（4）成人学习——基础技能生、劳动力发展生、转校生；

（5）运用新技术支持远程教育；

（6）非馆员专业内容的馆藏建设；

（7）工作场所信息素养和教学设计。

145-146

迫切需求

根据DTCCL的调查，在163名回复者中，有40%的人是25年以前从图书馆学专业毕业的。这证实了"图书馆和信息科学人员问题"（Workforce Issues in Library and Information Science，WILIS）项目[①]发现的结果。该项目由美国博物馆与图书馆服务院资助，教堂山北卡罗来纳大学完成（2005—2008），研究了从北卡罗来纳州名大学的图书馆信息科学专业毕业，取得图书馆学情报学硕士和图书馆学硕士学位的学生从业模型。在这一研究中，由于社区学院图书馆员的数量有限，因此在大多数公开发表的分析资料中，所有高校图书馆员是全部放在一起统计的。当对社区学院图书馆员进行分离统计分析时，这个小样本（人数=60）的中位年龄为46岁，该组毕业获得图书馆学情报学硕士以来的平均年数为16.8年，这表明了目前社区学院图书馆馆

---

① "图书馆和信息科学人员问题"一期和二期的研究由美国博物馆和图书馆服务院拨款支持。主要研究团队来自教堂山北卡罗来纳大学的图书馆信息科学学院和北卡罗来纳大学老年化学院（the UNC Institute on Aging）:乔安妮·加德·马歇尔（Joanne Gard Marshall），首席研究员；维克托·W.马歇尔（Victor W. Marshall），联合首席研究员；珍妮弗·克拉夫特·摩根（Jennifer Craft Morgan），联合首席研究员；德博拉·巴罗（Deborah Barreau），联合研究员；芭芭拉·莫兰（Barbara Moran），联合研究员；保罗·所罗门（Paul Solomon），联合研究员；苏珊·拉思本·格拉布（Susan Rathbun Grubb），研究科学家；谢里尔·A.汤普森（Cheryl A. Thompson），项目经理。非常感谢他们分享这部分未公开发表的数据。

员已处于职业生涯的中期或后期的情况。据说这些图书馆员退休后不会有人来接替他们。调查结果还明确表明，只有少数受访者认为他们接受过针对社区学院图书馆工作的特别培训。

ECCL实习模型介绍

本申请项目将使用美国博物馆与图书馆服务院资助的，在纽约州开创的教学图书馆模型"使之成为现实！"（Making It Real!）。这一模型由苏珊娜·斯托弗（Suzanne Stauffer）（2006）首次提出，并在北卡罗来纳大学（格林斯伯勒）的教学图书馆项目中得到加强。它设想了三方参与的学习过程（见图A-1）。实习导师、图书馆学情报学导师和学生在三个相交的回路或组合圈中一起合作。第一组合代表通过学校的奖学金和图书馆实地指导对学生实习的支持；第二组合包括学生和图书馆学情报学项目有关图书馆工作的原理和研究的教与学的活动；第三组合是常常脱钩的环节，它是图书馆在职专业人员和图书馆学情报学教师之间的联系。

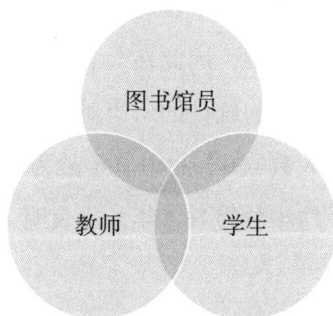

图A-1　教学—馆员—教师实习模型

这项资金的执行地点和指导教师也将为教学图书馆模型提供机构支持。教学图书馆实习对社区学院图书馆工作人员是有益的，因为这使他们能够接触到学生在课堂中正在学习的新信息，并且有助于他们做好实习导师。WILIS的研究（Marshall, et al. 2005）支持社区学院图书馆员对培训的需求。DTCCL

也发现图书馆员需要技术技能。大多数馆员说他们在工作中学到了有关系统管理、技术故障排除以及工作督导等技能。63%的人对于"与五年前相比，我感觉到更大的压力，需要不断学习新技能"的说法表示同意或强烈同意。72%的人说他们需要执行新任务。当被问及什么样的任务最需要帮助时，大多数（75%）的人表示是高科技任务。WILIS研究的受访者说他们主要是在工作中学习，这可以帮助他们在完成图书馆学教育之后更新知识。因此，继续教育模块与针对图书馆学情报学硕士学生的教学图书馆实习的结合，有望帮助延长处于职业中期的图书馆专业人员的工作年限，从而减少图书馆工作经验的流失。同时这也将提供在服务和体验式学习项目中所提倡的实践培训[①]。

预期结果

本项目资助的预期结果可以总结在下列表格中，确认背景问题、预期的结果和资助使用方法的有利特点：

背景问题	结果	有利特点
社区学院图书馆员缺乏多元化（90%为白人）	图书馆员准备服务于多元社区学院学生	从图书馆学情报学硕士学生中招募多元化候选人进入教学—图书馆员实习
在职学习人员	工作中培训 信息素养	UNCG图书馆学情报学系最近已经开始对此领域进行研究
职业中期培训需求	基于DACUM模型的继续教育模块	确认培训对象需求以加强社区学院图书馆的工作
社区学院图书馆员的退休	有丰富实践经验的图书馆学信息学硕士学生	采用教学—图书馆—教师模型
缺少图书馆学情报学社区学院研究议程	研究团队参与基于社区学院问题的研究	研究和新知识的实践基础

147

---

① 见ROY L, JENSEN K, MEYERES AH. Service learning: linking library education and practice. Chicago: American Library Association, 2009.

影响

申请的研究和课程开发项目将会对整个地区和全国产生影响。美国博物馆与图书馆服务院的资金将影响以下几个方面：

（1）影响一——社区学院的重心将转移到终身学习和经济发展，图书馆员对全国范围内的这一讨论将做出贡献，并聚焦于实现这一任务的一个主要组成部分——社区学院图书馆。

（2）影响二——灵活的课程可以满足社区学院图书馆员当今和未来的需求。反过来，这些受过训练的图书馆员将会努力宣传，为他们一直经费不足的学院争取足够的资金。

（3）影响三——教学图书馆模型将促进大学和社区学院图书馆之间的协调合作，加强专业人员的中期职业发展，并且促进图书馆学情报学硕士毕业生完成目标。

（4）影响四——可以在线提供继续教育课程，并将其提供给北卡罗来纳州和全美56所社区学院图书馆。此外，硕士课程可以通过诸如WISE等渠道面向全国提供[①]。

（5）影响五——该项目的效果将受到监督，已在图书馆学情报学教育的其他领域中实施。

（6）影响六——该资金为在一个美国图书馆协会认证的图书馆学情报学系中发展在职继续教育模式提供了一个平台。

多元化

根据2009年5月UNCG图书馆学情报学系的多元化招聘政策，实习资金

---

① 请见http://www.wisepedagogy.org/。

将用于图书馆员人数较少的群体。该政策指出，"充满活力的各种人类特征
共同塑造了我们每一个人。这些特征不仅包括种族、族群、性别和性取向等
熟悉的类别，还包括年龄、认知方式、是否残疾，经济、教育和地理背景，
所讲的语言、婚姻状况、政治面貌、宗教信仰。重视多元化意味着要认识到
我们都受到众多因素的影响，使我们每个人都有独特的能力为实现共同的目
标做出贡献"。此外，对于社区学院图书馆工作来说重要的是，社会经济背
景将是本项目中多元化格局的重要组成部分。

148

由美国博物馆与图书馆服务院资助的UNCG的ACE（Academic and
Cultural Enrichment）学者项目也基于这些相同的理念，并已经成功地从这
些群体中招聘学生进入图书馆学情报学教育项目。我们将鼓励这些学者参
与招聘新生的活动。类似的招生工作将在弗吉尼亚州（已有一个共同市场
协议[①]）和南卡罗来纳州夏洛特城附近进行，一些学生参加了那里的UNCG
教育项目。

本项目将开展独特的招生工作，将那些少数群体的、社区学院图书馆辅
助工作人员招入图书馆学情报学硕士项目进行学习。这些人员已经在这些组
织机构内工作，有了本项目提供的经济资助，他们将成为未来理想的专业工
作人员。在这个项目中，多元化的定义非常广泛。多元化背景不是唯一的目
标，与多元背景的人进行有效互动的能力才是最终的目标。

项 目 设 计 与 评 估

本项目的目标将在下列人员的合作和参与下实现，包括顾问委员会、
UNCG杰克逊图书馆的迈克·克伦普顿；图书馆学情报学的教师贝丝·马丁

[①] 弗吉尼亚州的学生在北卡罗来纳州可以享受和北卡罗来纳州学生相同的学费标
准，这种同等待遇为此共同市场协议的内容。——译者注

和协调员夏洛特；以及图书馆学情报学系全体教师。下面描述了项目中每个目标的设计和评估：

目标一：以研究为基础，在图书馆学情报学硕士专业针对21世纪社区学院图书馆员开发一系列继续教育模块

设计。在北卡罗来纳州图书馆协会年会上举行焦点小组座谈，开始筹划三次DACUM课程开发会议。DACUM是一个故事版制作过程，我们将用它来概述图书馆员在社区学院环境中的工作。产生的结果将用于设计在职图书馆员的继续教育模块，培训社区学院图书馆的实习指导教师，然后用于图书馆学情报学硕士课程。

评价。继续教育模块的学习成果将从DACUM流程得出。学习成果的评估将在课程完成之前和之后进行。

目标二：在参与社区学院中采用教学—图书馆员—教师实习计划，以培养新的图书馆学情报学硕士毕业生，加强图书馆员的职业发展

设计。实习学生将被安置在合作方社区学院图书馆。在第二和第三年，图书馆学情报学硕士生将在该地区社区学院通过教学图书馆模型接受特别设计的实习课指导。每一个合作方图书馆的工作人员都将与图书馆学情报学的教师和学生合作，积累专注于专业发展的丰富的图书馆经验。

评价。参与者使用自我监控方法将自己的经历做文字记录。记录将经过分析成为个人专业成长和学习收获的证据。图书馆员导师也将提供类似记录，反映参与教学图书馆实习课的经历，并且反映他们与图书馆学情报学教师互动以及他们自己的学习情况。图书馆员导师将对图书馆学情报学硕士进行正式评估。为了加强实习课体验和课程设置，教师将对所有这些材料进行分析，分析会妥善记录并通过下面概述计划发布。

目标三：图书馆学情报学硕士学生课程设置

设计。继续教育模块将以在线课程的形式开发，经过组合和加强，发展成为一门具有3个学分对等内容的完整课程，纳入图书馆学情报学硕士课程

建制，通过信息科学网络教育联盟在全美范围内提供。

评价。除了图书馆学情报学系的常规课程评估之外，本项目还将通过实习导师和图书馆学情报学硕士毕业生的雇主，评估其对社区学院图书馆的影响。

目标四：编写培训未来社区学院图书馆员并帮助在职图书馆员更新技能的教科书

设计。根据继续教育模块和课程中的有关材料，编写一本多种格式的教科书，为本项目提供可持续性。

评价。该教科书将用于持续的职业发展，其使用和销售情况将是终极评估。

项 目 资 源

所申请的资金将被打入UNCG教育学院和图书馆的费用分摊资源，用于实现本项目的目标。这些资源的大部分将专门用于参与的从业人员、实习学生和硕士生助理。参加DACUM会议的社区学院成员会因为时间的投入和参与获得少量奖励。一小部分资金将用于首席调查员传播项目成果的会议差旅费。

人 员

项目团队将保证项目的成功。诺拉·伯德博士（助理教授兼首席研究员）将监督项目并执笔给IMLS的报告。她将监督该项目硕士生助理的工作、开发课程并督导实习。她将在项目的所有三个暑期投入10%的时间，并在整个学年中投入30%的时间。迈克尔·克伦普顿先生〔图书馆学硕士，UNCG图书馆行政服务助理主任，韦克技术社区学院（Wake Tech Community College）

前院长]，是联合首席研究员和社区学院图书馆员的联络员，将投入10%的时间和他们一起工作。萨拉·伊丽莎白·马丁女士（Sarah Elizabeth Martin），图书馆学情报学系的实习指导教师，将负责课程开发和实习安排。曹惠萍博士（Clara Chu），图书馆学情报学系的教授兼系主任，将投入5%的时间监管资金支出、监督项目执行的连续性，并领导评估工作。项目经理助手将从图书馆学情报学在读硕士中招募。

业内合作伙伴已经确定，有中部皮德蒙特社区学院、戴维森郡社区学院（Davidson County Community College）、吉尔福德郡社区技术学院（Guilford County Community Technical College）、威克技术社区学院、威尔克斯郡社区学院（Wilkes County Community College）、北卡罗来纳州州立图书馆和南卡罗来纳州州立图书馆。这个合作团队将组成项目管理和社区学院图书馆顾问委员会。

管理计划

资助期限为2011年7月1日到2014年6月30日。在此期间，首席研究员兼项目经理将与顾问委员会成员会面。评价活动将在拨款过程的每个阶段进行。每个季度要完成的任务如下：

2011—2012年

第一季度①（2011年7—9月）：确定顾问委员会参与者；雇用和培训硕士生助理；将资助活动添加到网站；开发DACUM框架和评估。

第二季度（2011年10—12月）：邀请与会者参加北卡罗来纳州图书馆协会的会前会议；发放调查表和DACUM信息；安排DACUM研讨会；筹划顾问委员会会议。

---

① 这里指学年季度。一学年分为四个季度，从七月开始为第一个季度。——译者注

第三季度（2012年1—3月）：收集并分析调查情况和DACUM信息；组织DACUM专题研讨会。

第四季度（2012年4—6月）：开始招聘；面会顾问委员会，审核进度并计划下两个季度的工作；创建两个继续教育模块。

2012—2013年

第一季度（2012年7—9月）：面会顾问委员会，计划下一年的活动；在全国会议上宣读调查和DACUM开发结果；实施实验继续教育模块并分析课程反馈；测试和评估继续教育模块；培训实习指导老师；招募图书馆学情报学硕士学生加入首期班级。

第二季度（2012年10—12月）：实施首轮带学分实习；启动教学实习模型。

第三季度（2013年1—3月）：实施首轮带薪实习；面会顾问委员会成员，审评首期班级结果；面会训练有素的实习导师，评估实习生；分发评估报告。

第四季度（2013年4—6月）：完成社区学院首次 LIS 668 实验课教学；完成2013年秋季所有教学大纲课程。

2013—2014年

第一季度（2013年7—9月）：将课程说明提交 UNCG 课程审查流程；完成图书馆实习课教师，实习学生和社区图书馆的匹配；面会顾问委员会，将图书馆学情报学硕士生和社区学院匹配；检查实验组完成的项目和作业。

第二季度（2013年10—12月）：督导和记录实习情况；开始编写教科书并为之寻找出版商（如果可行）。

第三季度（2014年1—3月）：完成有关学生安置的评估，并评估学生安置对职业中期图书馆员的影响；面会顾问委员会，对最后一个季度的资金做出规划。

第四季度（2014年4—6月）：完成评估和最终报告。

沟通计划

这项研究的预期结果会有许多传播渠道。首席研究员将建立一个全程互动网站，供学生及合作方提出反馈意见，并发布结果。沟通的主要形式是通过专用网站和首席研究员的博客等非正式沟通渠道，与顾问委员会成员和更广泛的社区学院社区进行交流。更为正式的会议传播途径包括：

• "定义社区学院图书馆员"网站①。

• 全国学习资源理事会（National Council for Learning Resources）——美国社区学院协会的一个分会，出版《社区学院月刊》（*Community College Journal*），是重点传播渠道。

• 2011、2012和2013年在北卡罗来纳州、南卡罗来纳州和弗吉尼亚州举办的州图书馆协会年会。

• 图书馆与信息科学教育协会（Association for Library and Information Science Education，ALISE）2012、2013和2014年1月的年会。

• 北卡罗来纳社区学院学习资源协会（North Carolina Community College Learning Resources Association），包括2011、2012、2013和2014各年夏季的美国图书馆协会年会。

首席研究员都将参与这项工作的演讲与文字介绍。论文将投稿同行评审期刊，如《学院和研究图书馆》（*College and Research Libraries*）、《图书馆趋势》（*Library Trends*）和《图书馆与信息科学研究》（*Library and Information Science Research*）。

---

① https//sites.google.com/a/uncg.edu/cc-librarian-project/。

　　另外，继续教育模块和由此产生的课程本身就是传播的工具。该课程在线开发，并可通过信息科学网络教育联盟在全美范围内提供。此外，本项目将考虑在UNCG通过相同渠道颁发硕士后证书。

可持续性

　　在资金项目期间和之后，继续教育模块可收取少量费用供其他参与者使用。开发的课程将提交给有关大学行政管理人员和认证机构备案。在诺拉·伯德博士提供的师资支持下，这些课程可以被永久纳入UNCG的课程设置。在合作图书馆及图书馆学情报学硕士生的协同下，首席研究员的研究议程将与该领域有着持久的关联。教学图书馆实习模型的文档资料将会促进这些课程在整个图书馆领域中的成功实施，这将肯定会加强其在UNCG图书馆学情报学专业的实施。本项目产生的课本可以成为其他图书馆学情报学专业的基础教材，也可以用来不断更新在职图书馆员的技能。

　　资金支持的实践效益将是持久的，这笔资金在许多年内将会使受资助学生的职业水平得到提升，他们将在整个高等教育中为社区学院图书馆建立支持网络。

参考文献

［1］Bill & Melinda Gates Foundation. Community colleges and states selected to boost college graduation rates by improving remedial courses and strategies. http://www.gatesfoundation.org/press-releases/Pages/raising-graduation-rates-community-colleges-090622.aspx.

［2］DOWELL D. Introduction//DOWELL D. It's all about student learning: managing community and other college libraries in the 21st century. Westport, CT: Libraries Unlimited, 2006.

〔3〕KARP R. Leadership issues for community college librarians//DOWELL D. It's all about student learning: managing community and other college libraries in the 21st century. Westport, CT: Libraries Unlimited, 2006.

〔4〕MARSHALL J G, MARSHALL V W, MORGAN J C, et al. Workforce issues in library and information science (WILIS). UNC Institute on Aging and UNC School of information and Library Science: Institute of Museum and Library Services, 2005.

〔5〕PROVASNIK S, PLANTY M. Community colleges: special supplement to the condition of education. Statistical Analysis Report. Washington, DC: National Center for Education Statistics, 2008.

〔6〕SMITH S. Working recruitment miracles. Black issues in higher education, 1999, 16 (170): 40-41.

〔7〕STAUFFER S. A framework for a "Teaching Library" : a preliminary study. NYLA Annual Conference, Saratoga Springs, NY, 2006.

〔8〕White House. Office of the Press Secretary. Below are excerpts of the President's remarks in Warren, Michigan, today and a fact sheet on the American Graduation Initiative. 〔2013-01-20〕http://www.whitehouse.gov /the_press_office/Excerpts-of-the-Presidents-remarks-in-Warren-Michigan-and-fact-sheet-on-the-American-Graduation-Initiative/.

附录B
21世纪社区学院图书馆员调查结果

请表明您的性别：

回答选项	回复率	回复数量
男	18.7%	35
女	81.3%	152
不愿回答	0.0%	0
回答问题		187
跳过问题		3

下列哪种人口统计分类能准确描述您的种族背景？

回答选项	回复率	回复数量
白人	90.3%	167
黑人、非洲裔美国人或南撒哈拉黑人后裔	3.8%	7
美洲印第安人或阿拉斯加土著人	0.0%	0
亚裔印度人	0.5%	1
亚裔（中国、日本、韩国、越南）	2.7%	5
不愿回答	2.7%	5
其他（请说明）		2
回答问题		185
跳过问题		5

您所担任的职位要求什么学位或培训?

回答选项	回复率	回复数量
图书情报硕士或图书馆学硕士 或等效美国图书馆协会认可学位	98.9%	181
图书馆技术培训学士学位	2.7%	5
信息技术或教育技术学士学位	0.0%	0
教学技术硕士学位	2.2%	4
信息技术副学士学位	0.0%	0
技术或公共服务副学士学位	0.5%	1
其他(请说明)		19
	回答问题	183
	跳过问题	7

您最后获得学位的时间:

回答选项	回复率	回复数量
过去的5年之内	31.3%	48
过去的10年之内	28.5%	43
过去的15年之内	16.6%	26
过去的25年之内	23.8%	37
超过25年		
其他(请说明)		
	回答问题	151
	跳过问题	39

上学期间您是否修过针对社区学院图书馆工作或行政管理的课程?

回答选项	回复率	回复数量
是	8.2%	15
否	91.8%	168
其他(请说明)		8
	回答问题	183
	跳过问题	7

154

与职业培训相比，您在工作中学到了哪些技能？

回答选项	回复率	回复数量
谷歌网站软件（Google Master）	47.7%	82
社交网络	66.3%	114
技术故障检修	76.7%	132
系统管理	38.4%	66
督导管理	65.7%	113
其他（请说明）		30
	回答问题	172
	跳过问题	18

155

您讲下列哪种语言？请选择所有您掌握的语言。

回答选项	回复率	回复数量
西班牙语	55%	33
越南语	0.0%	0
法语	36.7%	22
德语	15.0%	9
俄语	5.0%	3
汉语	8.3%	5
其他（请说明）		15
	回答问题	60
	跳过问题	130

您所在的图书馆隶属于哪一个行政部门？

回答选项	回复率	回复数量
教务部门	72.6%	122
学生事务/服务部	5.4%	9
教育/学习技术	20.8%	35
商业服务	1.2%	2
其他（请说明）		20
	回答问题	168
	跳过问题	22

您所在的社区学院是否有中期/早期高中生合作教育项目?

回答选项	回复率	回复数量
中期高中生修课	17.8%	28
早期高中生修课	52.9%	83
没有	33.1%	52
其他(请说明)		35
	回答问题	157
	跳过问题	33

156 如果上一个问题您回答"是",您是否为这些学生提供图书馆服务?

回答选项	回复率	回复数量
是	95.2%	120
否	4.8%	6
其他(请说明)		5
	回答问题	126
	跳过问题	64

您所在的社区学院提供在线课程吗?

回答选项	回复率	回复数量
是	99.5%	183
否	0.5%	1
其他(请说明)		0
	回答问题	184
	跳过问题	6

如果您所在的社区学院提供在线课程，您是如何面向在线学生提供信息素养教学？

回答选项	回复率	回复数量
通过在线教程	81.6%	142
通过NetMeeting、Elluminate网络会议软件 或其他系统的在线实时网络研讨会	8.0%	14
电话聊天或类似方式	46.0%	80
远程课堂	7.5%	13
现今没有	12.6%	22
其他（请说明）		41
	回答问题	174
	跳过问题	16

请估计到图书馆或学习资源中心来的读者，因为老师或所修课程而来的占多少比例？

回答选项	回复率	回复数量
0%—10%	4.0%	7
11%—25%	35.8%	63
26%—50%	32.4%	57
51%—75%	21.6%	38
76%—100%	6.3%	11
其他（请说明）		11
	回答问题	176
	跳过问题	14

157 您最希望新员工掌握的三项技能是什么？从下表中任选三项。

回答选项	1	2	3	回复数量
创建网站	8	18	25	51
社交网络运营和推广	6	21	47	74
目录数据库使用	33	50	20	103
创建数据库	1	2	5	8
数字化	3	7	3	13
教学/信息素养经验	107	39	9	155
项目管理	4	22	30	56
其他（请说明）				26
			回答问题	163
			跳过问题	27

您的图书馆教学针对"核心教育/转学/大学预科课程"和"技术/职业课程"是否不同？

回答选项	回复率	回复数量
是	63.3%	95
否	36.7%	55
其他（请说明）		29
	回答问题	150
	跳过问题	40

请估算为"核心教育/转学/大学预科课程"提供的图书馆教学占总教学量的百分比：

回答选项	回复率	回复数量
0%—10%	9.7%	16
11%—25%	11.5%	19
26%—50%	15.2%	25
51%—75%	25.5%	42
76%—100%	38.2%	63
其他（请说明）		3
	回答问题	165
	跳过问题	25

请估算为"技术/职业课程"提供的图书馆教学占总教学量的百分比：

回答选项	回复率	回复数量
0%—10%	46.0%	75
11%—25%	39.9%	65
26%—50%	9.2%	15
51%—75%	2.5%	4
76%—100%	2.5%	4
其他（请说明）		6
	回答问题	163
	跳过问题	27

158

针对"核心教育/转学/大学预科课程"的信息素养课包含下列哪些技能？请选最重要的三项。

回答选项	1	2	3	回复数量
评价资源	70	60	21	151
引用写作	19	31	47	97
遵守学术规范	8	10	27	45
特别针对某主题的资源	82	44	14	140
使用谷歌高级选项	2	1	8	11
使用引文管理软件如Endnote和Zotero	2	2	7	11
了解对劳动力产生影响的职业趋势或信息	2	2	10	14
其他（请说明）				34
			回答问题	162
			跳过问题	28

针对"职业/技术课程"的信息素养课包含下列哪些技能？请选最重要的三项。

回答选项	1	2	3	平均分	回复数量
评价资源	52	38	33	1.85	123
引用写作	7	21	31	2.41	59
遵守学术规范	4	12	13	2.31	29
特别针对某主题的资源	75	48	8	1.49	131
使用谷歌高级选项	1	4	12	2.65	17
使用引文管理软件如Endnote和Zotero	2	0	7	2.56	9
了解对劳动力产生影响的职业	5	19	25	2.41	49
趋势或信息					28
其他（请说明）				回答问题	151
				跳过问题	39

请确认针对"核心教育/转学/大学预科课程"的资源的选择标准，选择所有适用项。

回答选项	回复率	回复数量
费用	67.9%	110
高一层次学校的使用	16.7%	27
教师推荐	79.0%	128
内容新	68.5%	111
和课程相关	91.4%	148
和专业或学科相关	62.3%	101
其他（请说明）		8
	回答问题	162
	跳过问题	28

请确认针对"技术/职业课程"的资源的选择标准，选择所有适用项。

回答选项	回复率	回复数量
费用	65.6%	103
高一层次学校的使用	9.6%	15
教师推荐	82.8%	130
内容新	69.4%	109
和课程相关	89.2%	140
和专业或学科相关	61.8%	97
其他（请说明）		3
	回答问题	157
	跳过问题	33

您针对"核心教育/转学/大学预科课程"的主要教学目标是：

回答选项	回复率	回复数量
研究论文的写作	30.8%	49
增进对工作岗位的理解	0.6%	1
对职业或学科专业更加了解	0.0%	0
支持教师的目标	42.8%	68
演示图书馆数据库的使用	25.8%	41
其他（请说明）		11
	回答问题	159
	跳过问题	31

您针对"技术/职业课程"的主要教学目标是：

回答选项	回复率	回复数量
研究论文的写作	9.7%	15
增加对工作岗位的理解	4.5%	7
对职业或学科专业更加了解	15.6%	24
支持教师的目标	52.6%	81
演示图书馆数据库的使用	17.5%	27
	回答问题	154
	跳过问题	36

参考文献

[1] 21cif.com. 21st Century Information Fluency. [2013-01-20]. http://21cif.com/.

[2] ABELS E G. Information seeking behavior and the generations. [2013-01-20]. http://www.ala. org/rusa/sites/ala.org.rusa/files/content/sections/rss/rsssection/rsscomm/virtualreferencecommittee/ an07infoseekgen.pdf.

[3] About—Big6. The Big 6 Tm: information and technology skills for student success. [2012-07-25]. http://big6.com/pages/about.php.

[4] ACRL Racial and Ethnic Diversity Committee. Diversity standards: cultural competency standards for academic librarian. College and research libraries news. 2012, 73(9):551-561.

[5] AGOSTO D E, ROZAKLIS L, MACDONALD C, et al. A model of the reference and information service process. Reference & user services quarterly, 2011, 50(3) : 235-244.

[6] ALDRICH A W. Judging books by their covers: managing the tensions between paperback and clothbound purchases in academic Libraries. College & research libraries, 2011, 70 (1) : 57-70.

[7] ALIRE, C A. Emotional intelligence and diversity in academic libraries//HERNON P, GIESECKE J, ALIRE C A. Academic librarians as emotionally intelligent leaders. Westport: Libraries Unlimited, 2007.

[8] American Association of Community Colleges. AACC position statement on library and learning resource center programs. [2013-01-20]. http://www.aacc.nche.edu/About/ Positions/Pages/ps01062003.aspx.

[9] American Association of Community Colleges. AACC position statement on information

literacy. [2013-01-20]. http://www.aacc.nche.edu/about/positions/pages/ps05052008.aspx.

[10] American Association of Community Colleges. Reclaiming the American dream: a report from the 21st century commission on the future of community colleges. [2013-01-20]. http://www.aacc.nche.edu/aboutcc/21stcenturyreport/21stCenturyReport.pdf .

[11] American Association of Community Colleges. AACCs commitment to diversity, inclusion, and equity. [2013-01-20]. http://www.aacc.nche.edu/Resources/aaccprograms/diversity/Documents/diversity_commitment.pdf.

[12] American Association of Community Colleges. Fast facts. [2013-01-20]. http://www.aacc.nche.edu/AboutCC/Pages/fastfacts.aspx.

[13] American Association of Community Colleges. Position statement on student services and library and learning resource center program support for distributed learning. [2013-01-20]. http://www.aacc.nche.edu/About/Positions/Pages/ps02102005.aspx.

[14] American Library Association. Association of College and Research Libraries. Presidential Committee on Information Literacy.[2013-01-20].http://www.ala.org/ala/mgrps/divs/acrl/publications/whitepapers/presidential.cfm.

[15] American Library Association. Office of Diversity. Diversity counts tables. [2013-01-20].http://www.ala.org/offices/sites/ala.org.offices/files/content/diversity/diversitycounts/diversitycountstables2012.pdf.

[16] AMSBERRY, D. Talking the talk: library classroom communication and international students. The Journal of academic librarianship, 2008, 34 (4): 354–357.

[17] ANTELL K. Why do college students use public libraries? A phenomenological study. Reference & user services quarterly, 2004, 43(3): 227–236.

[18] ARNOLD J. The community college conundrum: workforce issues in community college libraries. Library trends, 2010, 59(1–2): 220–236.

[19] Association of College and Research Libraries. Standards for libraries in higher education. [2013-01-20]. http://www.ala.org/acrl/standards/standardslibraries.

［20］AUSTENFELD A M. Building the college library collection to support curriculum growth. Collection management, 2009, 34(3): 209–227.

［21］AUYEUNG S, HAUSRATH D. Information competency plan for the California community colleges. ［2012–08–13］. http://www.santarosa.edu/kathy/ICC/bog98-9.html

［22］BAKAMITSOS G A, SIOMKOS G J. Context effects in marketing practice. Journal of consumer behavior, 2004, 3(4): 304–314.

［23］BEAL V. 5 Free open source alternatives to Microsoft Office. PCWorld, 2012. ［2012–10–10］.http://www.pcworld.com/article/2010005/5-free-open-source-alternatives-to-microsoft-office.html.

［24］BEAUDRY R. Transition literacy in high schools–a school model. ［2012–08–21］ http://www.acsu.buffalo.edu/~as347/transitionliteracy.pdf.

［25］BELL D, GASTON B J. Collection development. Community & junior college libraries, 2005, 12(3): 9–16.

［26］BIRD N J, CRUMPTON M, OZAN M, et al. Workplace information literacy: a neglected priority for community college libraries. Journal of business & finance librarianship, 2012, 17(1): 18–33.

［27］BIRD N J, WILLIAMS T. Making sense of different workplaces: using O*NET to inform design of information literacy instruction. ［2012–10–04］. https://sas.elluminate.com/site/external/recording/playback/link/table/dropin?sid=2008350&suid=D.4F374F7BB9FA0DA59D3934C3618B61.

［28］BOCK D J. From libraries to learning resources: six decades of progress-and still changing. Community & junior college libraries, 1984, 3(2): 35–46.

［29］BOGGS G R. Democracy's colleges: the evolution of the community college in America. ［2012–10–01］. http://www.aacc.nche.edu/AboutCC/whsummit/Documents/boggs_whsummitbrief.pdf.

［30］BOOTH C, MATES B T, GUDER C S, et al. Making libraries accessible: adaptive design and assistive technology. Chicago: ALA TechSource, 2012.

［31］BOPP R E, SMITH L C. Reference and information services: an introduction. 4th ed. Santa Barbara, CA: Libraries Unlimited, 2011.

［32］BORN J, CLAYTON S, BALASH A. Community college library job descriptions and organizational charts. Chicago: Community and Junior College Library Section, Association of College and Research Libraries, 2000.

［33］BOSTICK S L. The development and validation of the library anxiety scale. Detroit: Wayne State University, 1992.

［34］BRADBERRY T, GREAVE S J. Emotional intelligence 2.0. San Diego, Calif.: TalentSmart, 2009.

［35］BRANIN J J. The use of library material. College & research libraries, 2009, 70(4): 311–312.

［36］BREIVIK P S. Student learning in the information age. Phoenix: American Council on Education/Oryx Press, 1998.

［37］BROWN M E, POWER R. Exhibits in libraries: a practical guide. Jefferson, N.C.: McFarland & Co., 2006.

［38］BRUCE C. Informed learning. Chicago: Association of College and Research Libraries, 2008.

［39］BUDD J. Framing library instruction. Chicago: Association of College and Research Libraries, 2009.

［40］Capital Community College. A Capital History.［2012−11−17］. http://www.ccc.commnet. edu/history.htm.

［41］Carnegie Foundation for the Advancement of Teaching. Lookup & Listings: standard listings. ［2013−01−20］. http://classifications.carnegiefoundation.org.

［42］CARR D. A community mind. Public libraries, 2002, 41 (5): 284.

［43］CASE D O. Looking for information : a survey of research on information seeking, needs, and behavior. San Diego, Calif.: Academic Press, 2002.

[44] CASSELL K A, HIREMATH U. Reference and information services in the 21st century: an introduction, 2nd ed, Revised. Chicago:Neal-Schuman Publishers, 2011.

[45] Center for Media Literacy. Center for Media Literacy. [2012-08-21]. http://www.medialit.org/.

[46] CERTO S C. Supervision: concepts and skill-building. New York: McGraw-Hill Irwin, 2013.

[47] CHOY S. Findings from the condition of education 2002: nontraditional undergraduates. [2012-08-13]. http://nces.ed.gov/pubs2002/2002012.pdf.

[48] CHU C M. Raison D'être for multicultural library services. IFLA Library Services to Multicultural Populations Section Newsletter. 2004 (1):6-7.

[49] CMS Critic. Huge List of Content Management Systems (List of CMS Software). [2013-01-20]. http://www.cmscritic.com/resource-lists/cms-list/.

[50] COHEN A M, BRAWER F B. The American community college. 5th ed. San Francisco: Jossey-Bass, 2008.

[51] Committee on Information Technology Literacy, National Research Council. Being fluent with information technology. Washington, DC: National Academies Press, 1999.

[52] CONNORS R, SMITH T. Change the culture, change the game : the breakthrough strategy for energizing your organization and creating accountability for results. New York: Portfolio Penguin, 2011.

[53] COOK D, SITTLER R. Practical pedagogy for library instructors : 17 innovative strategies to improve student learning. Chicago: Association of College and Research Libraries, 2008.

[54] COOPER J E, HE Y, LEVIN B B. Developing critical cultural competence: a guide for 21st-century educators. Thousand Oaks, CA: Corwin Press, 2011.

[55] COOPER R K. Applying emotional intelligence in the workplace. Training and

development, 1997, 51 (12): 31–38.

[56] COOPER T W, SIGMAR L S. Constructive supervisory confrontation: what employees want. International journal of management & information systems, 2012, 16(3): 255–264.

[57] COVEY S R, MERRILL A R, MERRILL R R. First things first: to live, to love, to learn, to leave a legacy. London: Simon & Schuster, 1999.

[58] CRANDALL J, SHEPPARD K. Adult ESL and the Community College. [2012-10-10]. http://caalusa.org/eslreport.pdf.

[59] CROSS T L,BENJAMIN M P, ISAACS M R, et al. Towards a culturally competent system of care. Washington, D.C.: CASSP Technical Assistance Center, Georgetown University Child Development Center, 1989.

[60] CRUMPTON M. Sounding off about Noise. Community and junior college libraries, 2008, 13(1): 93–103.

[61] DAVIS D, HALL T. Diversity counts. Chicago, IL: American Library Association Office for Research and Statistics and Office for Diversity, 2007.

[62] DAVIS J. The first-generation student experience: implications for campus practice, and strategies for improving persistence and success. Sterling, VA : Stylus Publishing, 2010.

[63] DE ROSA C, CANTRELL J, CARLSON M, et al. Perceptions of libraries, 2010: context and community: a report to the OCLC membership. Dublin, OH:OCLC, 2011. http://www.oclc.org/au/en/reports/2010perceptions.htm.

[64] DESMARAIS C. Seven free alternatives to Microsoft Office-Techlicious. [2012-10-01]. http://www.techlicious.com/guide/seven-free-alternatives-to-microsoft-office/.

[65] DETMERING R, SPROLES C. Reference in transition: a case study in reference collection development. Collection building, 2012, 31(1): 19–22.

[66] DINKINS D. Circulation as assessment: collection development policies evaluated in terms of circulation at a small academic library. College & research libraries, 2003, 64 (1): 46–53.

[67] DOOLEY K E, LINDNER J R, DOOLEY L M. Advanced methods in distance education: applications and practices for educators, administrators, and learners. Hershey, PA: Information Science, 2005.

[68] DOSA M L, ERIC Clearinghouse on Information Resources. Information counseling: the best of ERIC. Syracuse, NY: ERIC Clearinghouse on Information Resources, Syracuse University, School of Education, 1977.

[69] DOWELL D. It's all about student learning: managing community and other college libraries in the 21st century. Westport, CT: Libraries Unlimited, 2006.

[70] DUBICKI E. Strategic planning in college libraries. Chicago: College Library Information Packet Committee, College Libraries Section, Association of College and Research Libraries, 2011.

[71] DURRANCE J C. Factors that influence reference success: what makes questioners willing to return. Reference librarian, 1995, 23(49-50): 243–265.

[72] ELSNER P A, BOGGS G R, IRWIN J T. Global development of community colleges, technical colleges, and further education programs. Washington, DC: Community College Press, 2008.

[73] EVANS G E, SAPONARO M Z. Developing library and information center collections. Westport, CT: Libraries Unlimited, 2005.

[74] FANTINI A. Assessment tools of intercultural communicative competence. [2012-10-10]. http://www.sit.edu/SITOccasionalPapers/feil_appendix_f.pdf.

[75] FISHER J M. A time for change? Human resource development international, 2005, 8 (2): 257–263.

[76] FISHER K E, ERDELEZ S, L MCKECHNIE. Theories of information behavior. Medford, N.J.: Published for the American Society for Information Science and Technology by Information Today, 2005.

[77] FOHL C. Weeding. Community & junior college libraries. 2002,10(3): 47–50.

［78］FOSTER N F, GIBBONS S. Studying students: the undergraduate research project at the University of Rochester. Chicago: Association of College and Research Libraries, 2007.

［79］FRANCIS M. Weeding the reference collection: a case study of collection management. The reference librarian, 2012, 53(2): 219–234.

［80］FREIRE P. Pedagogy of the oppressed. New York City: Continuum, 2000.

［81］FREIRE P, FREIRE A M A. Pedagogy of hope: reliving pedagogy of the oppressed. New York: Continuum, 1994.

［82］GIESECKE J, MCNEIL B. Core competencies and the learning organization. Library administration & management, 1999,13 (3): 158.

［83］GOLEMAN D. Emotional intelligence. New York: Bantam Books, 1995.

［84］GRADOWSKI G, SNAVELY L, DEMPSEY P, et al. Designs for active learning: a sourcebook of classroom strategies for information education. Chicago: American Library Association, 1998.

［85］GRAHAM W D. The black belt librarian: real-world safety & security. Chicago: American Library Association, 2012.

［86］GRASSIAN E S, KAPLOWITZ J R. Information literacy instruction: theory and practice. New York: Neal-Schuman Publishers, 2009.

［87］GREEN J. Millennials at work: re-imaging communication in order to improve training. Visual resources association bulletin, 2010, 37(1) : 52–54.

［88］GROSS M, LATHAM D. What's skill got to do with It? Information literacy skills and self-views of ability among first-year college students. Journal of the American society for information science and technology, 2012, 63(3): 574–583.

［89］HAMER J S. Coming-out: Gay Males' information seeking. School libraries worldwide, 2003, 9 (2) : 73–89.

［90］HEAD A J, EISENBERG M. Truth be told how college students evaluate and use information in the digital age. [2013−06−28]. https://www.projectinfolit.org/uploads/2/7/5/4/27541717/pil_

fall2010_survey_fullreport1.pdf .

[91] HEINSTRÖM J. From fear to flow : personality and information reactions. Oxford: Chandos, 2010.

[92] HERNON P, MCCLURE C R. Unobtrusive testing and library reference services. Norwood, NJ: Ablex Publishing, 1987.

[93] HEU N A, NELSON W N. A library compliance strategy for regional accreditation standards: using ACRL higher education standards with community and junior colleges in the Western Association of Schools and Colleges. College and undergraduate libraries, 2009,16(4): 250–277.

[94] HOOK S. Impact? What three years of research tell us about library instruction. College & research libraries, 2012, 73(1): 7–10.

[95] HOLLEMAN P. Professional ethics and community college librarians. Community & junior college libraries, 1989, 6 (2): 1–7.

[96] HORTON F W Jr. Understanding information literacy: a primer. UNESCO Communication and Information Sector, [2012-02-01]. http://www.uis.unesco.org/ Communication/Documents/157020E.pdf .

[97] Institute of Learning Styles Research. Overview of the seven perceptual styles. [2013-06-24]. http://www.learningstyles.org/index.html.

[98] Instructional Design Central. Instructional design models and methods. Instructional Design Central. [2012-11-08]. http://www.instructionaldesigncentral.com/htm/IDC_instructionaldesignmodels.htm.

[99] JIAO Q G, ONWUEGBUZIE A J. Antecedents of library anxiety. Library Quarterly, 1997, 67(4): 372–389.

[100] JIAO Q G, ONWUEGBUZIE A J, LICHTENSTEIN A A. Library anxiety: characteristics of "at-risk" college students. Library & information science research, 1996,18(2): 151–163.

［101］JONES-KAVALIER B, FLANNIGAN S L. Connecting the Digital Dots: Literacy of the 21st Century (EDUCAUSE Quarterly). ［2013−01−20］. http://www.educause.edu/ero/article/connecting-digital-dots-literacy-21st-century.

［102］KAHN M. The library security and safety guide to prevention, planning, and response. Chicago: American Library Association, 2008.

［103］KALICK R. Community College Libraries: centers for lifelong learning. Metuchen, NJ: Scarecrow Press, 1992.

［104］KATZ W A. Introduction to reference work. 8th edition. New York: McGraw-Hill Companies, 2002.

［105］KELLEY M. Coming into focus: web-scale discovery services face growing need for best practices. Library journal, 2012, 137(17): 34−40.

［106］KELLY R. An analysis of the collections at JFK Library: a case study//DOWELL D. It's all about student learning: managing community and other college libraries in the 21st Century. Westport, CT: Libraries Unlimited, 2006.

［107］KEMP S. Ultimate guide to project management for small business: get it done right! Irvine, CA: Entrepreneur Press, 2005.

［108］KETT J F. Pursuit of knowledge under difficulties. Stanford, CA: Stanford University Press, 1994.

［109］KICKHAM-SAMY M. Balance of power and negotiation of meaning in virtual reference learning environments//RADFOR M, LANKES R D. Reference renaissance: current and future trends. New York: Neal-Schuman Publishers, 2010.

［110］KING D. Building the digital branch : guidelines for transforming your library website. Chicago IL: American Library Association, 2009.

［111］KIRKPATRICK D L. Evaluating training programs the four Levels. San Francisco: Berrett-Koehler Publishers, 1998.

［112］KLINGBERG S. Information competencies checklist: a resource for intersegmental

Collaboration. [2012-08-13]. http://scholarworks.sjsu.edu/lib_pub/2.

[113] KLUSEK L, BORNSTEIN J. Information literacy skills for business careers. Journal of business & finance librarianship, 2006, 11 (4): 3–21.

[114] KOLB D A. Experiential learning: experience as the source of learning and development. Englewood Cliffs, N.J.: Prentice-Hall, 1984.

[115] KOLTER P. Atmospherics as a marketing tool. Journal of retailing, 2001, 49(4): 48–65.

[116] KOTTER J P. Leading change: why transformation efforts fail. Harvard business review, 1995, 73 (2): 59–67.

[117] KUHLTHAU C C. Seeking meaning: a process approach to library and information services. Westport, CT: Libraries Unlimited, 2004.

[118] KUHLTHAU C C, HEINSTRÖM J, TODD R J. The "Information Search Process" revisited: is the model still useful? Information research, 2008, 13(4):355

[119] KUHLTHAU C C, MANIOTES L K, CASPARI A K. Guided inquiry design : a framework for inquiry in your school. Santa Barbara, California: Libraries Unlimited, 2012.

[120] KUHLTHAU C C, CASPARI A Ki, MANIOTES L K. Guided inquiry: learning in the 21st century. Westport, CT: Libraries Unlimited, 2007.

[121] KVENILD C, CALKINS K. Embedded librarians: moving beyond one-shot instruction. Chicago: Association of College and Research Libraries, 2011.

[122] LANKES R D. The atlas of new librarianship. Cambridge, MA.; MIT Press, Association of College & Research Libraries, 2011.

[123] LANKES R D, NICHOLSON S, RADFORD ML, et al. Virtual Reference Service: From Competencies to Assessment. 1st ed. Chicago Neal-Schuman Publishers, 2007.

[124] LARSON J. CREW: A weeding manual for modern libraries. [2012-10-08]. https://www.tsl.state.tx.us/sites/default/files/public/tslac/ld/ld/pubs/crew/crewmethod12.pdf.

[125] LEEDER K. Stop the snobbery! Why you're wrong about community colleges and don't

even know it. [2012−11−09]. http://www.inthelibrarywiththeleadpipe.org/2012/stop-the-snobbery/.

[126] Learning Styles Online.com. Overview of learning styles. [2012−12−22]. http://www.learning-styles-online.com/.

[127] Learning Styles Online.com. Free inventory. [2013−01−20]. http://www.learning-styles-online.com/.

[128] LIU M. Ethnicity and information seeking. The reference librarian, 1995, 23(49–50): 123–34.

[129] LOEX Home. [2013−01−20]. http://www.emich.edu/public/loex/.

[130] LYNCH B P, SMITH K R. The changing nature of work in academic libraries. College & research libraries, 2001, 62(5): 407–420.

[131] MALVASI M, RUDOWSKY C, VALENCIA J M. Library Rx: measuring and treating library anxiety: a research study. Chicago: Association of College and Research Libraries, 2009.

[132] MASSIS B E. QR codes in the library. New library world. 2011, 112(9–10): 466–469.

[133] MCGOWAN B. Weed, yes! Discard, no! There may be a collection in that trash! Community & junior college libraries, 2011, 17(2):87–90.

[134] MEISTER J C, WILLYERD K. Mentoring millennials. Harvard business review, 2010, 88(5): 68–72.

[135] MERRILL M D. First principles of instruction. ETR&D educational technology research and development, 2002, 50(3): 43–59.

[136] MILLER S. Take a minute to collect your thoughts with Evernote. [2012−10−10]. http://chronicle.com/blogs/profhacker/take-a-minute-to-collect-your-thoughts-with-evernote/24020.

[137] MILNER H R. What does teacher education have to do with teaching? Implications for diversity studies. Journal of teacher education, 2010, 61(1/2): 118–31.

[138] MILLSON-MARTULA C, SPENCER J S. Library transformations : from information commons to learning commons. Philadelphia, PA: Routledge, Taylor & Francis Group, 2010.

[139] MON L, JANES J W. The thank you study. Reference & user services quarterly, 2007, 46 (4): 53–59.

[140] MORRISON G R, ROSS S M, KEMP J E. Designing effective instruction. Hoboken, NJ: John Wiley & Sons, 2004.

[141] MULLIN C M. Rebalancing the mission: the community college completion challenge. [2013−01−20]. http://www.aacc.nche.edu/Publications/Briefs/Pages/rb06152010.aspx.

[142] NAHL D, BILAL D. Information and emotion: the emergent affective paradigm in information behavior research and theory. Medford, NJ: Information Today, 2007.

[143] National Center for Education Statistics. Library statistics program. [2013−01−20]. http://nces.ed.gov/surveys/libraries/.

[144] National Center for Education Statistics. National Assessment of Adult Literacy (NAAL). [2013−01−20]. http://nces.ed.gov/naal/literacytypes.asp.

[145] National Endowment for the Arts. To read or not to read: a question of national consequence. Executive summary. [2012−08−13]. http://www.nea.gov/research/ToRead_ ExecSum.pdf.

[146] NEAL J G. Stop the madness: the insanity of ROI and the need for new qualitative measures of academic library success. Philadelphia: Association of College and Research Libraries, 2011. [2012−02−01]. http://www.ala.org/acrl/sites/ala.org.acrl/files/content/ conferences/confsandpreconfs/national/2011/papers/stop_the_madness.pdf.

[147] North Carolina College and University Yearbooks. DigitalNC. [2013−01−20]. http:// digitalnc.org/exhibits/college-yearbooks.

[148] OCLC. WorldCat Collection Analysis. [2013−01−20]. http://www.oclc.org/ collectionanalysis/.

[149] ONWUEGBUZIE A J, Q G JIAO, BOSTICK S L. Library anxiety: theory, research, and applications. Lanham, MD: Scarecrow Press, 2004.

[150] OUD J. Adjusting to the workplace: transitions faced by new academic librarians. College & research libraries, 2008, 69(3): 252–266.

[151] OVERALL P M. Cultural competence: a conceptual framework for library and information science professionals. The library quarterly, 2009, 79(2): 175–204.

[152] PAMPALONI A, BIRD N J. Building relationships through a digital branch library: finding the community in community college library web sites. Community college journal of research and practice, 2014, 38(12):1125−1141.

[153] PATTERSON D. Information literacy and community college students: using new approaches to literacy theory to produce equity. Library quarterly, 2009, 79(3): 343–361.

[154] PERRAULT A H, MADAUS J R, ARMBRISTER A. The effects of high median age on currency of resources in community college library collections. College & research libraries, 1999, 60(4): 316–339.

[155] PETERSON L C. Time management for library professionals. Katherine sharp review, 1997, 5(summer):1−5.

[156] Pew Research Center. College enrollment hits all-time high, fueled by community college surge. [2013−07−17]. http://www.pewsocialtrends.org/2009/10/29/college-enrollment-hits-all-time-high-fueled-by-community-college-surge/.

[157] Primary Research Group. Redesigning the college library building. New York City: Primary Research Group, 2012.

[158] Project Management Institute. A guide to the project management body of knowledge (PMBOK guide). Newtown Square, Pa.: Project Management Institute, 2004.

[159] PROVASNIK S, PLANTY M. Community colleges: special supplement to the condition of education. Statistical analysis report. Washington, DC: National Center for Education Statistics, 2008. [2013−01−20]. http://nces.ed.gov/pubs2008/2008033.pdf.

［160］RABY R L, VALEAU E J. Community college models : globalization and higher education reform. Dordrecht, London: Springer, 2009.

［161］RADFORD M L. Communication theory applied to the reference encounter: an analysis of critical incidents. Library quarterly, 1996, 66(2): 123–137.

［162］RADFORD M L. Encountering virtual users: a qualitative investigation of interpersonal communication in chat reference. Journal of the American society for information science and technology, 2006, 57(8): 1046–1059.

［163］RADFORD M, LANKES R D. Reference renaissance: current and future trends. New York City: Neal-Schuman Publishers, 2010.

［164］RANGANATHAN S. R. The five laws of library science. London: Blunt and Sons, 1957.

［165］Reference and User Services Association. Definitions of Reference. ［2013–01–20］. http://www.ala.org/rusa/resources/guidelines/definitionsreference.

［166］Reference and User Services Association. Guidelines for Behavioral Performance of Reference and Information Service Providers. ［2013–01–20］. http://www.ala.org/rusa/resources/guidelines/guidelinesbehavioral.

［167］Reference and User Services Association. Guidelines for Medical, Legal, and Business Responses. ［2013–01–20］. http://www.ala.org/rusa/resources/guidelines/guidelinesmedical.

［168］ROSELLE A. Preparing the underprepared: current academic library practices in developmental education. College & research libraries, 2009, 70(2): 142–156.

［169］ROSS C S, NILSEN K, RADFORD M L. Conducting the reference interview : a how-to-do-it manual for librarians. New York: Neal-Schuman Publishers, 2009.

［170］RYAN J, DAUGHERTY A L, MAULDIN E C. Exploring the LSU Libraries virtual reference transcript: an analysis. Electronic journal of academic and special librarianship, 2006, 7(3)：http://southernlibrarianship.icaap.org/content/v07n03/ryan_j01.htm.

［171］SCHEIN E H. Organizational culture. American psychologist, 1990, 45(2): 109–119.

［172］SCHEIN E H. Organizational culture and leadership. San Francisco: Jossey-Bass, 1992.

［173］SCHÖN D. Educating the reflective practitioner. San Francisco: Jossey-Bass, 1989.

［174］SECKER J, COONAN E. A new curriculum for information literacy: transitional, transferable, transformational. Cambridge: Cambridge University Library Arcadia Project, 2011. ［2012−08−13］. http://ccfil.pbworks.com/f/ANCIL_final.pdf.

［175］SHACHAF P, HOROWITZ S. Are virtual reference services color blind? Library & information science research, 2006, 28(4) (Winter): 501–520.

［176］SNAVELY L. Making problem-based learning work: institutional changes. Portal: Libraries and the Academy, 2004, 4 (4): 521–531.

［177］Society for Human Resource Management (U.S.). The SHRM learning system. Alexandraia, Va.: Society for Human Resource Management, 2009.

［178］Southern Association of Colleges and Schools. Commission on Colleges. The principles of accreditation: foundations for quality enhancement. Decatur, GA: Southern Association of Colleges and Schools, 2012. ［2013−11−08］. http://www.sacscoc.org/pdf/2 012PrinciplesOfAcreditation.pdf.

［179］STERRETT E A. The manager's pocket guide to emotional intelligence from management to leadership. Amherst, MA.: HRD Press, 2000.

［180］STEWART C. The academic library building in the digital age : a study of construction, planning, and design of new library space. Chicago, Ill.: Association of College and Research Libraries, 2010.

［181］SWANSON T A. Applying a critical pedagogical perspective to information literacy standards. Community & junior college libraries, 2004, 12(4): 65–77.

［182］SWANSON T A. A radical step: implementing a critical information literacy model. Portal: libraries and the academy, 2004, 4(2): 259–273.

［183］SWORDS D A. Patron-driven acquisitions: history and best practices. Berlin, Boston: De Gruyter Saur, 2011.

［184］TAYLOR R S. Question-negotiation and information seeking in libraries. College & research libraries, 1968 (29):178-194

［185］THACH E C, MURPHY K L. Competencies for distance education professionals. Educational technology research and development, 1995, 43(1): 57-79.

［186］THOMAS S, JOSEPH C, LACCETTI J, et al. Transliteracy: crossing divides. first Monday, 2007, 12(12). ［2012-08-13］. http://www.firstmonday.org/htbin/cgiwrap/bin/ojs/index.php/fm/article/view/2060/1908.

［187］Transliteracies: Research Project. Research in the technological, social, and cultural practices of online reading. ［2012-08-13］. http://transliteracies.english.ucsb.edu/category/research-project.

［188］TURLEY L, FUGATE D, MILLIMAN R. Atmospheric influences on service marketing. Journal of midwest marketing, 1990, 5 (Spring): 278-286.

［189］TYCKOSON D. On the desirableness of personal relations between librarians and readers: the past and future of reference service. Reference services review, 2003, 31(1): 12-16.

［190］UNDERHILL P. Why we buy: the science of shopping. New York City: Simon & Schuster, 1999.

［191］UNESCO. Media and Information Literacy. ［2012-08-13］. http://portal.unesco.org/ci/en/ev.php-url_id=15886&url_do=do_topic&url_section=201.html.

［192］University Libraries. University of Illinois at Urbana-Champaign. Digital Literacy Definition and Resources. ［2013-01-20］. http://www.library.illinois.edu/diglit/definition.html.

［193］University of North Carolina at Greensboro University Libraries. Information Literacy Game. ［2012-08-13］. http://library.uncg.edu/game/.

［194］University of North Carolina at Greensboro University Libraries. Toolkit. ［2012-08-13］. http://uncg.libguides.com/toolkit.

［195］VISSER M. Identifying and caring for rare books in the community or junior college with no special collections department. Community & junior college libraries, 2003.11 (3): 29–34.

[196] WALTER S. Librarians as teachers: a qualitative inquiry into professional identity. College & research libraries, 2008, 69(1): 51–71.

[197] WANG Y, DAWES T A. The next generation integrated library system: a promise fulfilled? Information technology and libraries, 2012, 31(3): 76–84.

[198] WARNKEN P. New technologies and constant change: managing the process. The journal of academic librarianship, 2004, 30 (4) : 322–327.

[199] WARREN L A. Information literacy in community colleges: focused on learning. Reference & user services quarterly, 2006, 45(4): 297–303.

[200] WATSTEIN S B, BELL S J. Is there a future for the reference Desk? A point–counterpoint discussion. The reference librarian, 2008, 49(1): 1–20.

[201] WEBBER D, PETERS A. Integrated library systems planning, selecting, and implementing. Santa Barbara, CA: Libraries Unlimited, 2010. [2012−11−04]. http://site. ebrary.com/id/10408565.

[202] WHITMIRE E. Racial differences in the academic library experiences of undergraduates. The journal of academic librarianship, 1999, 25(1): 33–37.

[203] WILLIAMS S. 40 Social media curation sites and tools. Social Media Pearls, 2012. [2012−10−10].http://socialmediapearls.com/40-social-media-curation-sites-and-tools/.

[204] WILLIS C A. Library services for persons with disabilities: twentieth anniversary update. Medical reference services quarterly, 2012, 31 (1): 92–104.

[205] ZALEZNIK A. Managers and leaders: are they Different? Harvard business review, 2004, 82(1) : 74–81.

[206] ZURKOWSKI P G. The Information Service Environment Relationships and Priorities. Related Paper No. 5. Washington, DC: National Commission on Libraries and Information Science, 1974. [2013−01−20]. http://eric.ed.gov/PDFS/ED100391.pdf.

索 引

本索引所标页码为英文版页码，即中译本边码*

---

* 边码所在位置为英文版此页的起始。

缩写一览表

AACC	American Association of Community Colleges	美国社区学院协会
AASL	American Association of School Librarians	美国中小学图书馆员协会
ACRL	Association of College and Research Libraries	美国学院和研究图书馆协会
ADDIE	Analysis, Design, Development, Implementation, and Evaluation	ADDIE教学设计模型
AECT	Association for Educational Communication and Technology	教育传播和技术协会
ALA	American Library Association	美国图书馆协会
ALAOD	American Library Association Office of Diversity	美国图书馆协会多元化办公室
ALCTS	Association for Library Collections and Technical Services	图书馆馆藏和技术服务协会
ALISE	Association for Library and Information Science Education	图书馆与信息科学教育协会
APA	American Psychological Association Manual	美国心理学协会格式
ARL	Association of Research Libraries	美国研究图书馆协会
ASCLA	Association for Cooperative and Special Services	合作和特别服务协会
ASIS&T	American Society for Information Science and Technology	美国信息科学和技术学会
CAAL	Council for the Advancement of Adult Literacy	成人读写能力促进理事会
CCCBOG	California Community College Board of Governors	加州社区学院理事会
CCCIE	Community College Consortium for Immigrant Education	社区学院移民教育联盟
CCD	Cooperative Collection Development	合作馆藏发展

CFAT	Carnegie Foundation for the Advancement of Teaching	卡内基教学促进基金会
CHEA	Council for Higher Education Accreditation	高等教育认证委员会
CIC	Council of Independent Colleges	非公立学院理事会
CJCLS	Community and Junior College Library Section	社区和初级学院图书馆分部
CLS	College Libraries Section	学院图书馆分部
COE	Code of Ethics	职业道德准则
DDA	demand-driven acquisition	需求驱动购买
ECCL	Educating Community College Librarians	社区学院图书馆员教育
ED	United States Department of Education	美国教育部
ELL	English Language Learning	英语语言学习
ESL	English as a Second Language	英语是第二语言
ETS	Education Testing Service	美国教育考试服务中心
FDLP	Federal Depository Library Program	美国联邦托存图书馆项目
GPO	Government Printing Office	政府印刷局
ILL	interlibrary loan	馆际互借
ILS	Integrated Library System	图书馆集成管理系统
IMLS	Institute of Museum and Library Services	美国博物馆与图书馆服务院
IPEDS	Integrated Postsecondary Education Data System	高等教育数据集成系统
ISP	Information Search Process	信息搜索过程
IT	information technology	信息技术
KSAs	knowledge, skills, and abilities	知识，技巧和能力
LITA	Library and Information Technology Association	图书馆和信息技术协会
LLAMA	Library Leadership and Management Association	图书馆领导与管理协会
LMS	learning management system	学习管理系统
LOEX	Library Orientation Exchange	图书馆入馆指导交流中心
LRCs	learning resource centers	学习资源中心
MLA	Modern Language Association Manual	现代语言协会格式
MLIS	Master of Library and Information Science	图书馆学情报学硕士专业
NCES	National Center for Education Statistics	国家教育统计中心

NEASC	New England Association of Schools and Colleges	新英格兰学校学院协会
OCLC	Online Computer Library Center	联机计算机图书馆中心
OPAC	Online Public Access Catalog	联机公共查询目录
PDA	patron-driven acquisition	读者驱动购买
PMI	Project Management Institute	项目管理协会
QEP	Quality Enhancement Plans	质量发展计划
RBMS	Rare Books and Manuscripts Section	善本和手稿分部
RSS	Really Simple Syndication	简易信息聚合
RUSA	Reference and User Services Association	参考咨询和用户服务协会
SACS	Southern Association of Colleges and Schools	南部学院和学校协会
SEL	social and emotional learning	社会情感学习
SHRM	Society of Human Resources Management	人力资源管理学会
UNCG	University of North Carolina at Greensboro	北卡罗来纳大学（格林斯伯勒）
UNESCO	United Nations Educational, Scientific and Cultural Organization	联合国教科文组织
VRA	Visual Resources Association	视频资源协会
WISE	Web-based Information Science Education	基于网络的信息科学教育

关于作者

迈克尔·A.克伦普顿，图书馆学硕士，美国人力资源管理学会认证高级管理师（SHRM-SCP），北卡罗来纳大学（格林斯伯勒）图书馆临时馆长、图书馆学情报学系兼任教师（https://soe.uncg.edu/directory/faculty-and-staff/bio-michael-crumpton/），开放获取期刊《学习空间杂志》（*Journal of Learning Spaces*）主编，北卡罗来纳图书馆协会前任主席。他的专著包括2013年由美国图书馆无限出版社（Libraries Unlimited）出版的《美国社区学院图书馆员手册》（*Handbook for Community College Librarians*），2015年由钱多斯出版社（Chandos Publishing）出版的《大学图书馆人力资源的战略规划》（*Strategic Human Resource Planning for Academic Libraries*），2018年由美国图书馆无限出版社出版的《临时员工长期收益》（*Short-Term Staff, Long-Term Benefits*）（与诺拉·J.伯德合作编著），以及数篇单行本章节和文章，均可见于机构资料库：http://libres.uncg.edu/ir/uncg/clist.aspx?id=1946。

诺拉·J.伯德，美国罗格斯－新泽西州立大学博士，自2007年以来一直任职于北卡罗来纳大学（格林斯伯勒）图书馆学情报学系。研究兴趣包括科学信息素养、社区学院图书馆的积极作用、图书馆学情报学教育中的实践性学习。她是2013年出版的《美国社区学院图书馆员手册》的合著作者，2018年出版的《临时员工长期收益》的合作编著作者，还是《大专、本科高校图书馆》（*College and Undergraduate Libraries*）编辑部的成员。她的研究成果可见于机构资料库：https://libres.uncg.edu/ir/uncg/clist.aspx?id=1151。

译后语

　　我于2004年从江苏信息职业技术学院调至新建不久的无锡科技职业学院，担任图书馆馆长，负责建设图书馆。由于图书馆藏书从零起步，在建设图书馆期间我遇到的最大挑战是高等学校基本办学条件中图书馆的藏书量指标的困扰，我通过行业组织活动得知其他许多高职院校虽然建校多年，在藏书量方面也一样面临窘境。我陷入种种困惑却百思不得其解，因馆藏对图书馆工作的巨大影响而将眼光投向大洋彼岸，并借助于因特网的便利获取了美国高校特别是社区和技术学院图书馆的数据和许多相关情况，陆续写作发表了十几篇中美高校图书馆比较研究的论文。但是，在中美高校图书馆的比较研究过程中，我总感到一丝遗憾，由于缺乏亲身体验、了解不够全面，担心有一厢情愿的误解，渴望进一步探索、观察一些细节。为此，我想通过申请国家留学基金的项目资助去美国社区学院实地了解研究同类图书馆的各方面情况。

　　2014年圣诞节，我通过美国学院和研究图书馆协会社区和专科学院图书馆分部的邮件列表向美国同行发出了希望得到邀请信以便能够申请去美国访学的请求。很快，美国北卡罗来纳大学（格林斯伯勒）的图书馆学助理教授诺拉博士回复愿意邀请我去该校做访问学者。虽然其后还有几位美国社区学院图书馆同行愿意邀请我去，但是考虑到诺拉博士以前曾经担任过社区学院图书馆员，目前在大学教授图书馆学，能提供很好的学习机会，而且她是美国难得的社区学院图书馆的研究者，和北卡罗来纳州许多社区学院都有联系和合作，能够帮助我去更多的社区学院参观实习，还规划了我们一起合作研究的计划，所以我和诺拉通过电子邮件建立并保持了联系。

申请国家留学基金经历了出乎意料的困难，虽然最后申请得以递交，可惜还是未获基金会的立项，未能如愿。但在这个过程中，我和诺拉博士有很好的沟通交流，得知她和克伦普顿写有《美国社区学院图书馆员手册》。这是一本有关社区学院图书馆员在工作中应知应会的教科书，针对性很强，在汗牛充栋的图书馆学著作中十分难得。我通过中国高等教育数字图书馆（CALIS）向国内唯一收藏此书的武汉大学图书馆发出请求，承蒙武汉大学图书馆文献传递/馆际互借员的热心帮助，很快收到了此书，互借员还提醒我享受了CALIS的补贴优惠。我浏览后，觉得可以在国内翻译出版，供我国高职高专院校图书馆工作人员培训和在岗学习使用，填补国内高职高专图书馆方面专门教材和专著的缺乏，在职业门槛建立之前为在职人员的进修提供帮助。我试着拨通电话向国家图书馆出版社推荐此书，出乎意料地很快得到了国家图书馆出版社的响应和支持，国家图书馆出版社在了解有关情况后同意出版此书，并主动委托本人翻译此书。

我在图书馆行业从业30年，前后担任馆长15年，从馆员到研究馆员一直从事中美高校图书馆的比较研究。然而，在接下来的时间里，工作氛围的变化使我难以全身心地投入此书的翻译工作。现实让我对学术的意义产生了悲观的怀疑，我从而将本书翻译放在了一个次要的位置，优先将工作中的感想和思考通过论文《高职高专图书馆职业化的调查和分析》和发表在《图书馆报》上的文章表达出来。虽然出于图书馆理想也曾想过女儿赴美攻读硕士学位可以选择图书馆学，但是现实下放弃了这样的念头。正读大学的儿子总在我几乎忘却的时候提醒翻译进程，虽然在翻译过程中有很多长短不一的停顿，但我终于还是将这本书翻译校对出来了。

导致本书翻译进程不快的另一个重要原因是翻译本身不是一件容易的事，要逐字逐句尽个人之可能地接近"信、达、雅"绝非仓促可就。翻译一直有"带着枷锁跳舞"一说，翻译本书让我在翻译过程中不断感叹翻译远不如自己原创这么多字的学术论文来得畅快。坦率地说，书中不少内容是我从业30年来第一次接触的，正如本书作者和我交流时所言，该书在美国也不是每个人都能读懂的。书中还有不少说法在国内尚无中文表达，很多时候看懂了英文却踌躇如何用母语中文下笔为好。此外，中美之间对同一概念有不同的内涵，这也令我十分困扰。最明显的例子是本书英文书名中的"librarian"，在美国指有图书馆情报学硕士学位的图书馆专业人士，国内的译法在业外常为"图书管理员"，业内常译为"馆员"，但馆员一词现在在业内已经演变成图书馆的所有工作人员，而新创的较为接近的"专业馆员"一词的内涵和"librarian"也不完全对等。"librarian"这个极其简单、常用、反复出现的词实际上在汉语中没有对等的词，鉴于本书在国内的效用，我斟酌再三最后还是采用"馆员"的译法。为了让读者更好地理解本书，避免误解，我保留了不少英文说法供对照，也在必要时增加了一些词的译注。

翻译过程对于我来说也是学习过程。对于新的知识，我首先通过因特网搜索相关资源进行学习。由于本书作者大量引用其他文献的内容，在缺乏背景知识的情况下往往需要花费许多时间检索到原文通读，才能理解其确切含义。无法理解或者文字容易有歧义的，还要通过电子邮件向书的作者请求解释。在和作者的交流中，她的回答有时并不是我预想的方向，中美两种语境的沟通不是那么完全简单重合的。

2016年9月，诺拉博士从美国来到中国教学并参加学术活动，其时我正好完成全书翻译初稿。虽然未能如愿去江苏大学聆听诺拉博士的学术报告，但我们终于在无锡科技职业学院图书馆相见得以共叙。在这个历史超过百年、全国第一个县级老图书馆楼前，她告诉我这个图书馆和美国的城镇图书馆很相似。我告诉她，我曾为了书中一位华人的英文名花费足足两个多小时才查询到中文原名，诺拉不知道她的中文名，却饶有兴趣地告诉了我这位华人的故事和现在工作的地方。

所以，尽管我竭力想真实地呈现原书想表达的内容，并认真地逐字逐句地校对，但是，限于自身的水平，或有遗珠之憾，欢迎各位读者指正。我期待未来能通过各种途径和对此感兴趣的同行交流本书相关内容，深入探讨我国高职高专图书馆发展的方方面面，促进我国图书馆事业发展，让更多的人可以享受到更好的图书馆服务。

最后，感谢潘俊林博士对译文的修订，感谢国家图书馆出版社对高职高专图书馆事业的支持，感谢王炳乾编辑在此期间的耐心和帮助，感谢唐澈编辑对翻译的指正，没有他们对高职高专图书馆的关注和职业的执着，在专业图书出版不太景气的今天，这本馆员手册大概不会出现在业内各位读者面前。在图书馆行业缺乏职业门槛的今天，业内其实更需要注重专业基础知识的培训学习。然而理想和现实总是有距离，但毫无疑问，专业出版社和行业之间的相互依存不仅是合作共赢，更是行业进步的重要力量和希望。

顾　健

2019 年 11 月

图书在版编目（CIP）数据

美国社区学院图书馆员手册 /（美）迈克尔·A. 克伦普顿（Michael A.
Crumpton），（美）诺拉·J. 伯德（Nora J. Bird）著；顾健，（美）潘俊林译 .
— 北京 : 国家图书馆出版社 , 2020.5
　　（图书馆业务指南丛书）
　　书名原文 : Handbook for Community College Librarians
　　ISBN 978-7-5013-6490-9

　　Ⅰ . ①美…　Ⅱ . ①迈…②诺…③顾…④潘…　Ⅲ . ①社区学院—院校
图书馆—图书馆工作—研究—美国　Ⅳ . ① G259.712

　　中国版本图书馆 CIP 数据核字（2020）第 062931 号
　　北京市版权局著作权合同登记号 : 01-2020-0343

书　　名	美国社区学院图书馆员手册
著　　者	〔美〕迈克尔·A. 克伦普顿（Michael A. Crumpton），〔美〕诺拉·J. 伯德（Nora J. Bird）著；顾健，〔美〕潘俊林译
责任编辑	唐　澈
封面设计	程言工作室

出版发行	国家图书馆出版社（北京市西城区文津街 7 号　100034）
	（原书目文献出版社　北京图书馆出版社）
	010-66114536　63802249　nlcpress@nlc.cn（邮购）
网　　址	http://www.nlcpress.com
排　　版	九章文化
印　　装	河北鲁汇荣彩印刷有限公司
版次印次	2020 年 5 月第 1 版　2020 年 5 月第 1 次印刷

开　　本	710×1000（毫米）　1/16
印　　张	16
字　　数	219 千字
书　　号	ISBN 978-7-5013-6490-9
定　　价	78.00 元